CURANDO EL MUNDO

DIEGO GONZÁLEZ RIVAS
MARÍA FERREIRA

CURANDO EL MUNDO

Diario de un cirujano nómada

PLAZA JANÉS

Papel certificado por el Forest Stewardship Council®

Primera edición: marzo de 2025
Sexta reimpresión: noviembre de 2025

Printed in Spain – Impreso en España

ISBN: 978-84-01-03622-4
Depósito legal: B-659-2025

Compuesto en M. I. Maquetación, S. L.

Impreso en Rodesa
Villatuerta (Navarra)

L036224

A mis padres, que me dieron raíces y alas,
y que son el motor de mi vida.

A todos los trabajadores sanitarios que ejercen en zonas
de conflicto, con toda nuestra admiración y respeto.

Índice

«Este sol de la infancia»

Notas previas

Me escondía en mi cuarto en los momentos en que la vida me sobrepasaba.

Debía de tener unos siete años cuando fui consciente de que me costaba encajar el sufrimiento de los demás. No toleraba bien el sentimiento de impotencia al percibir el dolor o la tristeza de la gente que me rodeaba. Mi madre trabajaba en un hospital; su trabajo consistía en aliviar ese sufrimiento y, en ocasiones, podía acompañarla. La veía actuar, con esa dulzura que tenía el poder de mejorar la condición del paciente en un segundo. Estaba seguro de que mi madre tenía un superpoder, y yo quería tenerlo también, quería ser como ella. A menudo me quedaba en la sala de espera y entonces veía la tristeza en los ojos de los familiares de algún paciente, notaba su preocupación y me sentía pequeño, realmente pequeño. Me parecía que la infancia era una limitación real: deseaba acabar con el dolor, pero tenía siete años, y esa voluntad se convertía en angustia y después en frustración. A veces sonreía a los pacientes y me daba cuenta de que ellos me devolvían la sonrisa y, por unos instantes, su preocupación se desvanecía.

Sentía esa angustia cuando, en ocasiones, iba con mis padres a visitar a nuestros familiares enfermos. También cuando alguien moría, porque en mi infancia hubo muertes, como en todas las familias grandes. Asimismo fui testigo de enfermedades largas y dolorosas de esas que hacen desear que llegue el fin. Sentía esa angustia cuando me sentaba en los bancos de las iglesias durante los funerales de los allegados y escuchaba los sollozos de mis tías. Entonces, clavaba mis uñas en el barniz suave que recubría el asiento. Recuerdo el olor a incienso y a flores, el olor de los kleenex que en aquella época olían fuertemente a menta y escocían en los ojos cuando los usabas para secarte las lágrimas. Recuerdo la mirada de la estatua de la Virgen María, centrada en su bebé y ajena al dolor.

Me escondía en mi cuarto porque la vida, a veces, era demasiado.

Pero un buen día empecé a experimentar con uno de esos reproductores de plástico con los que podías grabar cualquier cosa. Canté una canción y la borré, porque no sabía afinar y tampoco sabía inglés, y aquella melodía de Elvis que grabé sonaba a desagüe atorado. Eso me hizo reír y me sentí bien. Lo siguiente que grabé fue un chiste, y al escucharlo me reí de nuevo. Corrí a enseñárselo a mis padres, que también se rieron. Me había dado cuenta de que poseía la capacidad de hacer reír a los adultos, y supe entonces que tenía el poder de salvarlos, aunque solo fuera por unos instantes, de sus preocupaciones. Grababa chistes para que no se perdieran en las tristezas, para que mamá pudiera escucharlos una y otra vez después de un día duro en el hospital, para que mi padre sonriera bajo el cansancio y para que mi hermana jamás se sintiera sola.

«Os deseo una feliz Navidad, y que ninguno de vuestros seres queridos se muera», grabé para felicitar las fiestas a mi familia en unas Navidades. Vi que mi madre me miraba desde el otro lado de la mesa, entendiendo perfectamente cómo me sentía.

Durante la infancia aprendí que la muerte era inevitable, pero estaba convencido de que el dolor podía aliviarse. No solo el dolor de los pacientes, el de los familiares también.

Quizá fuera esa mi motivación para estudiar Medicina, aunque pecaría de reduccionista al afirmar que fue solo esa. Mi decisión, como todas las decisiones, no fue puramente sentimental; me fascinaba comprender el funcionamiento de los órganos, el dolor, el avance de la cirugía y la ciencia, poder abrir un cuerpo para curar. Me fascinaba también la historia de los grandes científicos, me asombraba saber que aquellos que habían logrado grandes avances habían sido tratados de herejes, brujos o negligentes.

Cuando comencé a operar a través de una incisión de tres centímetros, después de años de investigación, dudas, conversaciones con expertos y estancias en otros países, me enfrenté a la hostilidad institucional, hasta llegar a un punto en el que mi carrera se vio amenazada. Sin embargo, yo sabía que el avance en la medicina es necesario cuando el resultado supone la disminución del dolor del paciente. Recordé a esos científicos a los que habían tachado de herejes, brujos y negligentes. Ellos no se habían rendido; yo tampoco lo haría.

Pero me sentía aislado. No luchaba solo contra un sistema médico tremendamente conservador, sino contra la cultura judeocristiana en la que el sacrificio se veía como una forma de adoración a Dios. Recuerdo a una paciente susurrar «Te ofrezco mi dolor, Dios mío», mientras se retorcía bajo los dolores posquirúrgicos. Siempre imaginé que, en caso de que Dios existiera, probablemente le complacería más la alegría. En cualquier caso, no se trataba para mí de una cuestión teológica, sino ética y moral. Quería curar. Quería salvar vidas y que mis pacientes sobrellevaran la enfermedad lo mejor posible.

Después de infinitas luchas burocráticas, noches sin dormir y miedo, mucho miedo, conseguí mostrarle al mundo que la cirugía uniportal no solo era posible, sino también buena.

Durante la pandemia llegó la posibilidad de empezar a desarrollar la cirugía uniportal robótica, y comencé a trabajar en la idea de una fundación que se encargaría de desarrollar una unidad móvil para poder operar en África. La razón era simple: el tipo de cirugía que yo estaba desarrollando tenía que llegar a todos los rincones del planeta. El proyecto era extremadamente complejo, pero sabía que la palabra «imposible» no tenía valor en mi vocabulario. La unidad móvil responde a la necesidad de democratizar la cirugía. Todo ser humano, simplemente por ser humano, debería tener derecho a ser tratado con las mejores técnicas, sin importar si vive en España o en África.

Así que, gracias a la persistencia, al tiempo que tuve durante la pandemia y a la confianza de quienes me rodeaban, la idea de la unidad móvil se hizo realidad. También la robótica uniportal.

Escribiendo este libro, he reflexionado mucho sobre todos estos años de viajes y trabajo, de innovaciones y proyectos. Me siento tremendamente orgulloso de haber conseguido llegar tan lejos, y soy plenamente consciente de que la razón de todo avance en mi carrera, de toda innovación, descansa en ese deseo de curar, de aliviar, de la inquietud que me mueve desde la niñez.

«Estos días azules y este sol de la infancia», escribió Antonio Machado antes de morir. Es una frase que llevo presente en mis viajes, porque he hecho de mi vida una infancia domesticada. Me niego a perder la fe en que todo es posible. Me niego a dejar la curiosidad de lado. De pequeño construía robots que con suerte conseguían dar dos pasos hacia delante; ahora, mis robots salvan vidas.

Sigo entrando en las habitaciones de mis pacientes tratando de, si no hacerles reír, al menos sacarles una sonrisa. No quiero que el mundo les duela. Sigo siendo el Diego niño que aprendió de su madre el valor de la dulzura.

Hay quienes capitalizan las desgracias, la tristeza, el miedo. Yo quiero capitalizar la convicción de que todo puede mejorar, de que hay esperanza, de que podemos reducir el dolor, de que podemos exportar conocimiento, ciencia y tecnología. De que es legítimo tener como objetivo en esta vida derribar las fronteras de la medicina.

Y esa es la promesa que renuevo cada día al levantarme: curo al mundo porque la vida es demasiado corta para que duela si puede evitarse. Porque soy feliz, y desde mi felicidad trabajo.

1

Los bordes del mundo

Marzo de 2020

Una persecución puede ser una iniciación.

PETER ORNER

Fue un frenazo en seco, literalmente. Llevaba diez años sin parar ni un instante; 3.652 días con un bisturí en la mano y el latir de los corazones de mis pacientes marcando el ritmo frenético de mis viajes.

Llegó la pandemia y se paró todo. El mundo entero contuvo la respiración, y yo también.

Me quedé solo, en una casa que era mía, pero en la que no alcanzaba a recordar dónde estaban los interruptores. El primer día, cuando me levanté a las tres de la mañana para ir al baño, busqué a tientas el camino de vuelta a la cama, llevándome por delante la maleta que había dejado abierta, sin deshacer, quizá como amuleto para atraer la posibilidad de huida.

Una mujer me preguntó una vez si no echaba de menos el hogar.

—Bueno, chica —le contesté—, depende de lo que entiendas por hogar. Porque el hogar puede ser el mundo entero si uno sabe habitarlo. Pero el hogar también pueden ser cuatro paredes que asfixian y limitan, yo qué sé. ¿Qué es el hogar para ti? —le pregunté.

Su mirada reflejaba decepción, como si hubiera esperado que le confesara que secretamente deseaba una estabilidad. No. Los kilómetros recorridos, los pacientes sanados y las culturas aprendidas eran los pilares de mi vida. Ese era mi hogar. Recuerdo que ella, medio rendida, trató de explicarme que quizá el hogar era aquel lugar que conoces de memoria: el lugar en el que sabes dónde pisar para que el suelo no cruja, dónde están los interruptores, o la fuerza exacta que hay que ejercer para sentarse en la encimera de un solo salto.

Me acordaba de ella en la oscuridad de mi casa. En España eran las tres de la mañana, en su país ya había amanecido. «Quizá ahora no me quede más remedio que aprender mi hogar de memoria», le escribí por WhatsApp. Añadí un emoticono que sonreía mientras derramaba una lágrima. Hubiera matado porque alguien me hubiera dicho que todo iba a salir bien. Que iba a estar bien.

La primera vez que escuché algo sobre el COVID-19 fue en diciembre de 2019 y estaba en China. El futuro se abría ante mí con promesas de desarrollar proyectos de robótica pioneros, que iban a cambiar el rumbo de la cirugía torácica a nivel mundial. Durante el desayuno en la clínica en la que operaba aquel día, alguien bromeó sobre el maldito murciélago mal cocinado del que había salido ese coronavirus, que al fin y al cabo no era más que uno de los miles de virus que portan los animales.

—No hay por qué preocuparse —dijo uno de los especialistas.

—Yo creo que sí, que tenemos que preocuparnos —dijo tímidamente una estudiante mientras escondía la cara detrás de una enorme taza de café.

El ritmo frenético del que comulgábamos no dejaba lugar a la realidad que se iba cerniendo sobre el mundo entero. Apenas nadie prestó atención a aquella estudiante, que al final acabó siendo la más cercana a la magnitud de la pandemia. Todos continuamos con nuestro quehacer. No recuerdo cuántos pacientes operé aquel día; China siempre fue un continuo ir más allá de mis propios límites.

Sin embargo, soy capaz de recordar detalles a los que normalmente no prestaría atención; como si mi subconsciente sintiera que algo grave estaba a punto de pasar. Recuerdo, por ejemplo, que uno de los jefes de departamento llevaba una chaqueta con un botón a punto de caerse, recuerdo la luz que entraba por los ventanales de la pared que daba al este, de una forma casi bíblica. Recuerdo ver a una araña caer al vacío, empujada por un golpe de viento.

—No se ha caído, se ha dejado ir —dijo el chiquillo que limpiaba los ventanales—. Algunos animales son también incapaces de la vida.

Atesoro todas aquellas imágenes no como presagios, sería pueril pensar así, sino como síntoma de que mi percepción estaba alerta. Me sentía inquieto. Lo acusé a la cafeína y elegí no tomar más café el resto del día.

Dos meses más tarde tenía que viajar desde Shanghái, el lugar en el que me había asentado, a Uganda. Aquella mañana de finales de enero, al despertar, recuerdo sentir la necesidad de dejar todo bien atado como si no fuese a volver en mucho tiempo, a pesar de que tenía el billete de vuelta en apenas dos semanas. Algunas abuelas de mi tierra hablan de un «sentir nas entrañas», una sensación visceral cuyo síntoma, en mi caso, era el nudo en el estómago. Dejé unos papeles firmados, revisé unos casos que quería dejar listos para publicación y me despedí de la recepcionista amable que solía insistir en ofrecerme más de un caramelo de mandarina cada vez que pasaba por ahí. Cogí tres para satisfacer su amabilidad y los guardé en el bolsillo de la chaqueta. Sabía que volvería pronto; tenía una habitación alquilada en aquel hotel durante todo el año; era lo más parecido a un hogar para mí.

El aeropuerto de Shanghái era esa locura hermosa que siempre es; los pasajeros locales llevaban mascarillas, por supuesto, formaba ya parte de los actos de consumo de aquella sociedad de contagio continuo. En la puerta de embarque dejé el móvil de lado y me dediqué a mirar a mi alrededor, sintiendo una nostalgia rara e inexplicable de la que trataba de librarme mediante pensamientos racionales. «Vuelvo enseguida», me repetía como arrullo o como placebo.

Sentí vértigo al despegar. Recuerdo agarrarme al reposabrazos y sentirme ridículo; no era miedo lo que estaba experimentando, se trataba más bien de una suerte de inseguridad, de desarraigo. Desde luego, no era un sentimiento al que estuviera acostumbrado, me incomodaba y pensé que quizá estaba poniéndome enfermo. Traté de distraerme pensando en mi infancia. No recuerdo la primera vez que subí a un avión; las primeras cosas permanecen almacenadas en el corazón de mi madre. No recuerdo cuándo fue, ni a dónde iba, ni si lloré.

Recuerdo, eso sí, mi primer vuelo transoceánico a Nueva York. Tenía unos veinte años, estudiaba Medicina y llevaba los pantalones más *cool* del mundo; eran de cuadros y tenían el poder de hacerme sentir genial. Recuerdo que fue un momento en el que me sentí plenamente feliz: estaba rodeado de dos grandes amigos, la comida del avión me supo riquísima y el océano era interminable; me daba vértigo mirarlo y, sin embargo, no podía dejar de hacerlo. Ese viaje marcó mi vida.

Uno de mis amigos y yo tenemos una foto en la que jugamos a sostener las Torres Gemelas. Me dijo: «Como si pudieran caer algún día». Sonreíamos a la cámara; Nueva York era aquella ciudad tan llena de vida antes del 11-S. Guardé aquel billete de avión sin pensar que un día tomaría más de mil vuelos, sin tener ni idea de que en el dorso de algún billete escribiría el teléfono móvil de una chica que me haría sonreír con los ojos. Que un día dibujaría un corazón roto porque, ya sabéis, la vida es así y nos rompe a veces. Que las Torres Gemelas se vendrían abajo. Que un día odiaría aquellos pantalones de cuadros que vestía con orgullo. Y que un virus cobijado en el cuerpecillo de un murciélago haría que no pudiera volver a Shanghái como estaba previsto.

Eso último aún no lo sabía.

Solo sentía el estómago encogido y los recuerdos haciéndose una bola por dentro.

Así aterricé en Uganda.

Edgar me recibió con un abrazo fortísimo que espantó mis males y despertó mis músculos entumecidos. En la entrada del aeropuerto había unos chiquillos vendiendo bolsas de plástico reutilizadas llenas de palomitas de maíz.

—¿Tienes hambre? —preguntó mi anfitrión.

—No —contesté.

Pero Edgar ya había sacado algunos chelines de su bolsillo y se disponía a comprarme ese snack que no pasaría los estándares de salubridad en ningún lugar del planeta. Le di las gracias y él me dio una palmada en la espalda que me hizo toser.

—Gracias, Edgar —le dije.

Me sentía como un crío a su lado.

—De nada, amigo —contestó el cirujano ugandés.

Atravesamos Kampala en un coche renqueante sin aire acondicionado, así que, por cuestión de mera supervivencia, debíamos llevar las ventanillas algo abiertas. Edgar me hablaba de los casos que íbamos a operar; de fondo en la radio sonaban canciones locales alternadas con éxitos internacionales. Damien Rice cantaba esa canción suya con la que los adolescentes se hacen adictos a la tristeza y al desamor, *The Blower's Daughter*. El desfase contextual era brutal. Fue entonces cuando un joven de ojos aterrados golpeó mi ventanilla con una pistola y apuntó a mi frente. No pensé en nada, no podía respirar, envié sin querer un e-mail a medio escribir en el que aceptaba una invitación a operar en un hospital de China en el que nunca había estado. En ese momento, el chico de ojos asustados me arrebató el móvil y salió corriendo entre la marea de coches atascados bajo el sol.

La rabia me paralizó. Me temblaban las manos. No era la primera vez que la distancia que me separaba de la muerte podía contarse en milímetros o en segundos y, cada vez, sentía como si el mundo entero crujiera bajo mis pies. Edgar dijo que había tenido suerte de perder solo el móvil. Me contó que a veces los jóvenes de las mafias que se dedican a este tipo de robos van tan puestos de todo que su cerebro confunde entre la orden de correr y la de disparar; entonces acaban disparando antes de huir.

—Lo siento, Diego, tenía que haber cerrado las ventanas.

Respiré hondo; había sido solo el móvil, estaba bien.

Me distraje enseguida mirando a mi alrededor; el tráfico lentísimo atraía a los vendedores, que habían convertido la cuneta en un centro comercial aprovechándose de la atención obligada de los conductores. Se alternaban los negocios de muebles, esculturas de metal, fruta, globos brillantes y lápidas y ataúdes.

Un perro callejero levantó la pata para hacer pis sobre un cartel de cartón en el que estaba escrito con lápiz y desgana: «Dos lápidas de piedra a precio de una». Sonreí. Encontré en el bolsillo de mi chaqueta los caramelos de mandarina que había cogido en la recepción del hotel antes de irme. Desenvolví uno y me lo tomé como si fuera un medicamento contra la realidad absurda. El azúcar cumplió su función: la de entumecer al cerebro, distraerlo con placer instantáneo.

Aquella noche, mientras me duchaba en el hotel, pensaba que el robo del móvil era un fastidio, pero quizá para aquel joven supondría dos o tres meses de poder alimentar a sus hijos. Al día siguiente, después de terminar la masterclass y las dos operaciones en el hospital, Edgar me llevó a comprar un móvil nuevo. La tiendecilla estaba en una calle que olía a comida casera, sudor y jacarandas. Los niños jugaban al fútbol y todos pretendían ser Messi o Cristiano Ronaldo. El encargado de la tienda, indio, estaba sentado en una silla en la entrada. Jugaba con un móvil Nokia 3310 al juego de la serpiente.

—Solo tengo este móvil para esto —me explicó—. Ya no hacen juegos como los de antes. El iPhone lo tengo solo para Tinder y para TikTok.

Cuando le expliqué cómo me habían robado el móvil, empezó a reír a carcajadas.

—¿Cuántos días te quedas por aquí? —quiso saber.

—Me voy mañana —contesté.

—Una lástima. Seguro que tu móvil acaba en esta tienda en un día o dos. Aquí nos venden el material robado.

Salí de allí con ganas de quedarme un rato largo con él sentado en la calle. Me recordó a los pueblos de España, con los vecinos sacando la silla al atardecer para tomar la fresca. Sentí de pronto que necesitaba parar, reírme, pasar el tiempo jugando a la serpiente en un Nokia 3310.

Pasó por mi lado un minibús con un grafiti en el que se leía: «Ten cuidado con lo que deseas». Un niño me dijo hola desde la ventanilla.

Le devolví el saludo. Sonreí.

Desde Uganda viajé a Argelia. Allí estuve con mi amigo y compañero Souheil Boubia. Le habían cancelado el vuelo de vuelta a Marruecos, se encogió de hombros y siguió removiendo una sopa cuyo nombre yo era incapaz de pronunciar. Le miraba desconcertado.

—¿Qué vas a hacer? —quise saber.

—Esperar —contestó sonriendo.

Souheil era un cirujano excelente y una persona excepcional. Tenía la capacidad de mantener la calma en momentos críticos, tanto en quirófano como en la calle. Estábamos cenando en un restaurante que tenía dos televisores, en ambos se anunciaban los países que empezaban a confinarse, entre ellos España. Habíamos estado operando juntos en Senegal y Argelia, donde nos encontrábamos entonces y de donde Souheil no podría salir de momento. Yo volaba al día siguiente; mi plan era quedarme una semana en A Coruña antes de regresar a Shanghái. Sin embargo, el mundo tal y como lo conocíamos estaba en pleno descarrilamiento, y no sabía siquiera si me cancelarían el vuelo también y tendría que permanecer en el país norteafricano.

—No es un mal país en el que quedarse atrapado —observó Souheil—. Tienen buena comida y buena música.

Sonaba una canción que, en mi opinión, se parecía a las diez canciones que la habían precedido. Canción que podría aparecer en cualquier película de tintes orientales o sonar en un taxi de aquella parte del mundo. Me gustaba el ritmo característico de la música norteafricana, pero al no entender la letra no podía darle un sentido lo suficientemente significativo para mantenerla en la memoria. En ese momento, resultaba incluso desagradable; la música se mezclaba con el tono alarmante del telediario creando un ambiente sobrecargado. Quería irme de allí.

Souheil me miró a los ojos, como buscando rescatarme del nerviosismo en el que me hundía. Me explicó que aquella canción que sonaba en ese preciso instante se llamaba *Ya Rayah*, y la cantaba un tal Dahmane El Harrachi. Me explicó también que la letra hablaba de un viajero: «¿Cuántos países poblados y desérticos has visto? / Oh, emigrante, ¿a dónde viajas? Te cansarás y volverás [...]». Souheil me traducía con paciencia. Entendí que era importante. Que me estaba rescatando de la preocupación y de la ansiedad que me causaba ver las imágenes del mundo cerrándose en sí mismo en la televisión. Souheil me estaba invitando a compartir el presente con él, apartados del catastrofismo. Me encantó la canción. Me encantó esa letra que no entendía pero que hablaba de todos aquellos emigrantes que poblaban el mundo. Nosotros éramos emigrantes asustados en aquel momento. Sin saber si podríamos volver a casa.

Al día siguiente, en el aeropuerto, todos los vuelos iban cancelándose uno a uno. Recuerdo estar de pie, frente a la pantalla, sin perder de vista el vuelo de Madrid que se anunciaba como retrasado. Traté de buscar otros destinos por si acaso no podía viajar a España, pero no había opciones. Era Madrid o nada. No podía imaginarme el confinamiento en Argelia, porque no conocía el país lo suficientemente bien como para poder anticiparme a cómo sería mi rutina.

El vuelo a Madrid fue el único que salió aquel día. De la capital volé hacia A Coruña. Entonces confinaron el país. Tenía toda la agenda del año planeada con mi base en Shanghái. ¿Ahora qué? Entonces la desgracia me parecía limitante; me costó entender que en el vacío caben mil futuros distintos. Me costó tres semanas entender que, por primera vez en mucho tiempo, podía relajarme y pensar. Podía observar. Podía sentarme en el sofá con mis padres y ver la tele. Pensaba que todo aquello acabaría pronto y volvería a China de inmediato.

Tardé tres años en poder volver al país en el que llevaba tiempo construyendo mi futuro. Tres años. Ese era el dolor de estómago que sentí al irme de Shanghái; un mal presagio.

Si algo sé de la vida es que las cosas no suelen salir como uno espera que salgan; es natural. Nos creemos todopoderosos cuando realmente apenas tenemos control sobre lo que sucede a nuestro alrededor. El surf me da lecciones tremendas. Una de ellas, la más obvia quizá, fue que la misma ola que puede matarte es la que puede llevarte a rozar la gloria por unos segundos; es cuestión de saber enfrentarla, de saber entrar en ella.

26

Así me tomo la vida, con sus crisis, sus pandemias y sus decepciones. Primero me asusto y, con el temor en las entrañas, trato de sacar lo mejor de la situación. A veces, las olas y la vida me pegan revolcones y me dejan magullado por un tiempo. Pero siempre tengo ganas de más. Esa es la clave: las ganas.

Y ese fue mi miedo durante los primeros días de confinamiento. No sabía qué hacer con las ganas, a dónde dirigirlas; me atemorizaba que se extinguieran, que se agotaran. Muchas veces me dicen que soy afortunado por no tener miedo. Claro que tengo miedo, mucho miedo en ocasiones. Como esa vez, en mi propia casa, mientras las fronteras del mundo se iban cerrando una a una.

Los médicos disponíamos de un permiso especial para operar, tenía el privilegio de salir de casa, interactuar con gente y mantenerme activo. Nunca había pasado tanto tiempo seguido en la unidad que tenemos en A Coruña, en el Hospital San Rafael. Eso se tradujo en poder disfrutar de mi gente de allí. Recuerdo tres semanas de conversaciones preciosas con Mercedes, Ricardo, y César, los compañeros con los que había montado la Unidad de Cirugía Torácica Mínimamente Invasiva para poder desarrollar la técnica sin restricciones. A veces, las personas que nos rodean no son conscientes de la influencia que tienen en nuestro bienestar, quizá no saben que en ese momento de reconstrucción vital las miraba y pensaba que lo único que realmente tenemos, lo único que cuenta, es la gente que nos rodea. Fue maravilloso trabajar con ellos, porque me sentía a salvo, me sentía a gusto, así que mi mente empezó a relajarse y fue entonces cuando comenzaron a ocurrir cosas maravillosas.

Dormía bien por primera vez en mucho tiempo, tenía la mente despejada e iba recuperándome del bajón de adrenalina tan bestial que había sufrido los primeros días. Cuando una de esas mañanas de hospital, me retrasaron una cirugía por más de tres horas, acabé sentado frente al robot Da Vinci, multiportal de cuatro brazos, que teníamos en el hospital desde 2015. Se trataba de un robot con el que los cirujanos podíamos operar mediante cuatro incisiones en el cuerpo del paciente. Quién iba a decirme que acabaría teniendo la cita más surrealista de mi vida, probablemente, una de las más fructíferas también. Me sorprendí mirando a ese trasto al que nunca había prestado mucha atención; mi técnica es uniportal, lo que quiere decir que opero mediante una sola incisión, así que consideraba que sería poco ético ponerme a operar con aquel armatoste por el simple placer de utilizar la robótica y con el precio de tener que volver a las cuatro incisiones en vez de la única incisión que yo empleaba. La tecnología es crucial en nuestra sociedad, pero lo realmente importante es el uso que le damos. Recuerdo leer en el libro *Inteligencia artificial y medicina*, escrito por Miriam Cobo y Lara Lloret Iglesias, una frase que resumía mi dilema con la robótica: «La inteligencia artificial simbólica empieza a resquebrajarse cuando hay que lidiar con la complejidad del mundo real». Mi mundo real empezaba y terminaba en el bienestar de mis pacientes, y por lo tanto no era justo ni necesario para ellos que dejara de lado la cirugía mínimamente invasiva. Pero me atraía, claro que sí. Sin embargo, mi ritmo de vida me había impedido ir más allá del deseo. Me daba rabia mirar al Da Vinci, porque deseaba que alguien sacara de una vez el robot con un solo brazo para operar con mi técnica. Sucedió entonces, en esas tres horas en blanco, cara a cara con aquel monstruo tecnológico, y sorbiendo mi café de sobre y sin azúcar: decidí que no tenía por qué esperar. Lo haría yo. Crearía la técnica robótica uniportal.

Me puse a jugar con el robot. Hice cálculos y esquemas como si fueran cartas de amor. Un día me atreví a cambiar su configuración y realicé una lobectomía con dos incisiones. Vi que era posible. Sería factible operar con una sola incisión, claro que sí. De momento, habíamos pasado de cinco a dos incisiones. Me parecía aceptable, pero no suficiente. Hicimos unas cuantas cirugías y cada vez lo veía más claro: la robótica uniportal era viable, solo había que dar el paso.

Ocurrió en una mañana de septiembre de 2021. Recuerdo tomarme un café en una taza-souvenir de Finisterre. Finisterre, durante siglos considerada el fin de la tierra. Ningún ser humano podía ir más allá del límite. Desde esa esquina del mundo, planeaba revolucionar la cirugía torácica mundial. Al fin y al cabo, la ciencia y la medicina consisten en ir siempre más allá. Uno solo puede aprender saliendo de su zona de confort, enfrentándose a los miedos y cuestionando la verdad establecida.

Aquel robot, al que había ignorado durante años, se había convertido en un aliado. Cambié la configuración. «Vamos allá», me dije. Una sola incisión. Lo hicimos: realizamos la primera lobectomía uniportal y robótica del mundo. Desde casa. Desde A Coruña. Con mi equipo-familia. Con mi mar de fondo. Y con el mundo aún cayéndose a pedazos.

2

La pandemia / Las fronteras / Los límites / Se nos está olvidando respirar

Notas durante la pandemia, desde 2020

Era miércoles y hacía sol. Pasé a ver a una paciente que se recuperaba de una operación. Todo había salido bien. Las preocupaciones de los familiares, con los que nos comunicábamos la mayoría del tiempo por teléfono para respetar las normas de confinamiento, giraban más en torno al peligro potencial del coronavirus en la recuperación, que en la recuperación en sí.

La chica era joven y estaba sentada junto a la ventana. Me caía bien. Cuando la conocí y me describió sus síntomas dijo que se le había olvidado respirar, que era algo que siempre había hecho automáticamente, pero, desde hacía un tiempo, suponía un ejercicio consciente. Aquellos días pasaba más rato de la cuenta con mis pacientes. La soledad de la pandemia resultaba asfixiante; al fin y al cabo, los médicos no estamos solo para curar, nuestra primera labor es la del acompañamiento, la de ser una figura que ofrece seguridad, que ofrece confort, así que solía sentarme unos minutos con ellos, ocupando simbólicamente el lugar de la familia.

Vi que tenía sobre la mesilla una pintura que probablemente había recortado torpemente de una revista.

—Es *El ángelus* de Millet —me informó.

—¿Por qué te gusta? —quise saber. De lejos transmitía tristeza.

—Me gusta porque es mentira —dijo—. Porque es mentira y porque estoy enamorada de un hombre con el que puedo pasar horas contando historias sobre esos dos personajes.

Me explicó que Millet había pintado a dos campesinos en duelo por la muerte de su bebé, que yacía en un ataúd a sus pies. Me contó también que la sociedad de aquel entonces rechazó la morbosidad del cuadro, así que el pintor se vio obligado a cambiar el ataúd por una cesta con frutas. En vez de un entierro, pasó a ser una escena de oración. Pero la tristeza seguía ahí.

—Es quizá lo que pasa en estos momentos, que la sociedad está siendo obligada a mirar de cara a la muerte, y nos gustaría simplemente mirar a otro lado. Pero no podemos, esta vez no podemos.

Me quedé en silencio mirando fijamente aquella pintura que de pronto resultaba fascinante. Aquella chica tenía razón; la sociedad occidental estaba obsesionada con la obscenidad de la muerte, con la esterilidad de todo el proceso. La muerte era una rareza, no podía verse, no podía sentirse, no podía vivirse. De pronto nos llegaban imágenes de cuerpos sin vida en nuestro propio país, no en una guerra, no en países lejanos. Y no teníamos ni idea de cómo gestionarlo.

La chica me vio sumido en mis pensamientos y quiso aligerar el ambiente.

—El hombre al que amo dice que el campesino triste tiene la misma postura que un *millennial* mirando su móvil.

Me reí. En realidad, la postura de aquel hombre retratado en 1859 en Francia podía ser la de cualquiera de nosotros leyendo un wasap.

—¿Cómo se llama tu chico? —le pregunté.

—Andreas —respondió ella—. Y está lejos, en Alemania, quizá por eso se me olvidó cómo respirar.

—No se te olvidó respirar, chica —contesté sonriendo—. Tenías un nódulo en los bronquios que te he quitado. Dile a tu alemán que me ha hecho sonreír.

Los pacientes me ofrecían sus historias, me invitaban a visitar sus mundos brevemente. Viajaba sin moverme y me sentía honrado de merecer esa confianza. La pandemia creó esas fronteras y nosotros encontramos maneras de derribarlas.

Uno piensa que la creatividad surge de la nada. Es una especie de inspiración que le sucede a uno mientras le da vueltas a la cucharilla de café y escucha a Bach, así de repente, como si uno fuera merecedor de ella. No es así, la creatividad es pura supervivencia; es la coagulación de una herida. La pandemia fue algo terrible, para unos más que para otros. Mi manera de superar las adversidades fue creativa porque no me quedaba otra. Siempre he visto los problemas como oportunidades, me permiten encontrar salidas que no hubiese tenido que buscar de otro modo. De cualquier forma, reconozco mi privilegio, fueron miles las personas que perdieron todo en esos meses: sus negocios, su trabajo y también la vida. A pesar de las dificultades siempre me supe afortunado.

La robótica uniportal fue mi gran hallazgo durante ese tiempo. Pero también comenzaron a sentarse las bases de uno de los proyectos más ambiciosos que llevo a cabo: la Clínica del Sudor. Un proyecto cuyo principio se funda en la amistad, en estar en el sitio adecuado en el momento adecuado —porque no me quedaba otra— y en las redes sociales.

Aquel miércoles soleado, después de visitar a la paciente que aseguraba que se le había olvidado respirar, fui a tomarme un café. Me di cuenta de que habían desenchufado la máquina porque era un peligro para la propagación del virus. Una limpiadora advirtió mi frustración y, sin conocerme, sacó del bolsillo de su uniforme unos cuantos sobres de café y me dio a elegir.

—Uno de ellos está caducado, ten cuidado no cojas ese.

Cogí un sobre de capuchino cuya foto prometía resultados imposibles.

—Hace unos meses me llamaban chiflada por ir con sobres de café en el bolsillo —bromeó—. Quién iba a decirme que era una visionaria.

Se alejó tarareando. En ese momento recibí la llamada de mi amigo Javier Gallego, que trabajaba en Portugal y había visto en las redes sociales que estaba de vuelta en A Coruña.

—Tengo una operación muy complicada, Diego, ¿por qué no vienes?

La situación en Portugal era más flexible, contaba con un permiso especial para ir a operar y el cuerpo me pedía hacer kilómetros y cruzar fronteras. Jamás olvidaré aquel viaje: la carretera estaba desierta, como si hubiera sobrevivido al apocalipsis o estuviera en una escena de *The Walking Dead*. Recuerdo parar en una gasolinera y ver a la dependienta agazapada y protegida por diferentes pantallas, máscaras y filtros. Nos miramos extrañados, éramos las únicas personas ahí, en medio del mundo paralizado.

—Dios, qué horror —murmuré.

—Sí —dijo ella.

Sonreímos a través de las mascarillas.

Ella se encogió de hombros.

—Lo bueno es que no encontrarás atasco —bromeó.

Agradecí ese intento de normalidad extraña, me reí con ganas y seguí mi camino.

Fue una semana preciosa en casa de mi amigo. Operamos juntos aquel caso complicado, al que siguieron varios otros de simpatectomía. Una simpatectomía es un procedimiento quirúrgico en el que se cortan o se destruyen algunos nervios del sistema nervioso simpático, que es el que controla funciones involuntarias como la sudoración, la presión arterial y el ritmo cardiaco.

Operábamos a pacientes con hiperhidrosis —una condición médica caracterizada por la sudoración excesiva— y Javier me enseñó su técnica por la cual no teníamos que intubar al paciente y utilizaba clips que sustituían los cortes en los nervios. Javier y yo tenemos mucho en común, pero si tuviera que resaltar algo que me hace sentir unido a él, es la pasión que ambos compartimos por el bienestar del paciente. Quizá suene a obviedad; cualquier médico querría eso. Pero he visto a Javier darle vueltas durante días y meses a diferentes técnicas con el único objetivo de reducir el dolor. No por ambición científica. No para colgarse una medalla. Javier trabaja con el objetivo de que cada paciente que pasa por sus manos vuelva a casa sintiéndose cuidado, sintiendo que es importante para su médico. Que su dolencia, que su dolor, cuenten. Es por eso por lo que ha llegado a formar parte de mis más íntimos amigos. Porque el trato que tiene con sus pacientes se extiende al trato que tiene con su entorno. Cómo no querer rodearse de personas que llenan de luz el camino de uno.

El caso es que Javier me ofreció la oportunidad de unirme a él para operar juntos pacientes con hiperhidrosis en Lisboa cada tres semanas. Le dije que sí sin pensarlo dos veces. Jamás había conducido tanto, pero el hecho de saber que tenía esa salida, que iba y volvía de Portugal, me servía para calmar mi hambre de viajes. Pasaba tiempo con mi amigo operando, qué más podía pedirle a la vida en esos momentos.

Un día me llamaron para entrevistarme en el programa de televisión *La Resistencia*. Se lo comenté a Javier durante una de las operaciones. Levantó la mirada brevemente. «Creo que Broncano es de A Coruña —dijo—. Tiene hiperhidrosis palmar y cara de buena persona. Dile que podemos curarle».

Se lo comenté, por supuesto. Tengo experiencia en televisión y aquel programa fue uno de los más fáciles a los que he acudido como invitado, por la calidad humana y la cercanía del presentador. En algún momento le expliqué el proyecto que llevaba a cabo con Javier y le dije que si estaba interesado lo operaríamos sin problemas. Nada más acabar de grabar me dijo que sí, que vendría. Vino a Lisboa y lo operamos.

Las redes sociales me dan vértigo. Entiendo los beneficios que entrañan y me aterran sus riesgos. En este caso los dioses mediáticos jugaron en nuestro favor. Recuerdo que después de la operación, que fue un éxito, nos hicimos una foto juntos. La subí a mi Instagram explicando en qué había consistido la intervención y dejé mi e-mail por si acaso alguien estaba interesado en recibir información. La noticia de que Broncano se había operado de hiperhidrosis se hizo viral, los medios compartieron una captura de pantalla con mi publicación, mi dirección de e-mail incluida, y terminó difundida en medios como el *¡Hola!*, *Marca* y en *El Mundo*. Recibí novecientos correos en veinticuatro horas de gente que quería operarse con nosotros. Durante una semana llegaron unos quinientos mensajes al día. Encontramos un lugar en el que poder operar en España para que los pacientes no tuvieran que desplazarse a Lisboa y así comenzamos con nuestra Clínica del Sudor en Madrid. Nos convertimos en el centro que más casos de hiperhidrosis opera en el mundo. Cuando la gente me pregunta cuál es la clave de nuestro éxito siempre respondo lo mismo: la calidad de la gente que forma parte del proyecto. Desde mis compañeros cirujanos, Javier y Conchi, una de las mejores cirujanas que he conocido en mi vida, hasta los anestesistas, enfermeras y enfermeros y personal de limpieza. Tengo la enorme fortuna de rodearme de gente buena, esa es mi suerte.

En aquellas semanas de pandemia en casa, recuerdo dar vueltas por el salón como un animal enjaulado, recuerdo la rabia, recuerdo todas las veces que me dijeron «qué valiente» cuando salía a recorrer el mundo. Como si irse fuera un acto de valentía. Aunque es un mero acto de supervivencia, lo reconozco. He sabido hacer de mi oficio una pasión y he conseguido que esa pasión me arrastre a lugares desconocidos en los que aprendo constantemente.

Valientes son los que se quedan. Valientes son los que toleran la conciencia de ese pasar del tiempo que hace un ruido espantoso cuando uno no está en movimiento. Llegué incluso a preguntarme qué hubiera pasado si no hubiese viajado a Uganda, si me hubiese quedado en China. Quizá entonces hubiera podido estar dedicando mi tiempo al robot que estaba diseñando, a operar, a investigar, a enseñar, yo qué sé; cualquier cosa menos esa inmovilidad asfixiante.

Entonces leí unos relatos de una autora de origen pekinés, Yiyun Li, que me hicieron parar de golpe con las lamentaciones. Me fascinó cómo contaba la historia de una niña a la que se le mueren los dos pollitos que su padre ha comprado para ella en el mercado. La devastación daba paso a la búsqueda de soluciones: se le ocurría la idea de cascar con cuidado dos huevos y tratar de meter a los pollitos en el cascarón, para que volvieran a nacer, para revivirlos.

No funcionó, claro. La creatividad raramente funciona cuando tiene vocación retroactiva, la creatividad tiene ojos de futuro.

Entendí que tampoco iba a funcionar mi rabia dirigida a las lamentaciones. La dirigí entonces a salir de allí. Tocaba la guitarra, pensaba, escribía ideas, me preguntaba cómo cambiar el mundo. Alguien me dijo que querer cambiar el mundo era absurdo, que había que empezar con cambiarse a uno mismo. «¿Qué libro de autoayuda te has metido para desayunar?», le pregunté. Por supuesto que se puede cambiar el mundo: ¿qué son las guerras si no? ¿Qué son los genocidios? ¿Qué son esos conflictos larguísimos capaces de cambiar la geopolítica mundial? ¿Qué es el COVID-19? No son más que agentes de cambio. ¿Por qué hemos de aceptar tan fácilmente el cambio catastrófico? ¿Por qué nos mostramos escépticos ante todo aquello que es constructivo?

Admitir que la pandemia me inspiró es un privilegio teniendo en cuenta la cantidad de pérdidas personales y materiales que tuvieron lugar durante esos dos años, pero esconderlo sería injusto. Durante la pandemia me pegué un costalazo tremendo, se cerraron mil puertas, dudé de mí mismo algunas noches, pero al final encontré la manera de derribar muros y reconstruir mi vida con los escombros que quedaban del pasado. Después de las semanas que pasé confinado pude volver a viajar, no a China, pero sí a muchos países en los que la entrada era casi imposible. Pude ver el mundo confinado y conocí el silencio de lugares que de otro modo hubieran estado llenos de turistas.

Y seguí adelante convencido de que podríamos crear algo, tan poderoso como las catástrofes, pero en positivo.

Lo hicimos. País a país. Paciente a paciente. Con miedo pero sin dudas. Y aquí os lo cuento.

3

Aeropuerto Ben Gurión, Israel

Diciembre de 2020

> *Dios se ha convertido*
> *en un refugiado,*
> *señor mío [...].*
>
> RASHID HUSSEIN

Entré en el aeropuerto con los músculos doloridos de la tensión; tenía miedo de perder el vuelo de Tel Aviv a Madrid. Iba repasando en mi mente una y otra vez las instrucciones que uno de los directivos del aeropuerto me había dado por teléfono. Cuando llegué al primer control de seguridad me temblaban las manos por una mezcla de cansancio, nervios y abuso de cafeína. Intenté que no se notara y me aferré a mi maleta como si fuera un salvavidas. La ausencia de pasajeros, debido a las restricciones de la pandemia, no hacían mi proceso más llevadero. Sentía todos los ojos en mí.

—¿Quién ha hecho tu maleta? —me preguntó un agente mientras buscaba el visado en mi pasaporte.

—Yo mismo —contesté con extrañeza.

—¿Estás seguro?

—Sí —confirmé sin poder disimular una sonrisa.

—¿Alguien te ha dado algo para que lleves a España?

Negué con la cabeza.

—Soy pasajero Mokdan —dije sin saber qué diablos significaba o suponía decir aquello, solo seguía las indicaciones de mi contacto.

—Oh —dijo el agente.

Entonces se apartó para hacer una llamada mientras me miraba a mí y a mi pasaporte simultáneamente.

—Oh —repetía.

Aquellas palabras, «pasajero Mokdan», eran el «ábrete sésamo» del aeropuerto Ben Gurión. Todos los controles de seguridad se agilizaron a partir de ese momento.

Sin saberlo, había entrado en el protocolo del Ishur Mokdan, un término en hebreo que puede traducirse como «permiso prioritario». En plena pandemia del COVID-19, era motivo suficiente para reducir el larguísimo proceso de controles e interrogatorios impuestos por ley para poder abandonar el país. «Yo solo quiero salir de aquí», rezaba a todos los dioses presentes en aquella tierra. Aquello del pasajero Mokdan me sonaba a película de espías cuando menos; recordé la película *Argo* sobre la huida de Teherán de seis diplomáticos estadounidenses, y no pude evitar que un escalofrío me atravesara y se me enquistara a la altura del corazón. Solo quería llegar a casa para celebrar la Nochebuena con los míos. No más adrenalina. No más tensión, al menos por unos días. El viaje a Israel y a Gaza había sido una brutalidad. Carecía de fuerzas para poner en orden los hechos, las emociones, todo lo absorbido. Sentía una especie de cansancio que me inundaba la mente y entonces recordé que llevaba horas sin beber agua.

Encontré una cafetería abierta, pedí una botella de agua y adiviné una sonrisa amable bajo la mascarilla de la camarera. Recuerdo la advertencia de uno de mis amigos palestinos: «Cuidado con las chicas, uno no sabe si se acuesta con una mujer o con el Mossad entero». Di las gracias y me fui. Oficialmente no tenía que estar en Israel; mi visado había caducado dos días antes. Lo único que me pedía el cuerpo en esos momentos, además de agua, era huir. Los ojos bonitos de aquella chica no lograron distraerme más que veinte segundos.

El molesto bombardeo de anuncios por megafonía tenía mucha más presencia en los aeropuertos medio desiertos de la pandemia. La voz enlatada, recordando la obligación de llevar mascarillas, llenaba los pasillos desangelados. De pronto, entre obligaciones, recordatorios y amenazas disfrazadas de recomendaciones, la voz dijo mi nombre. «Le rogamos al pasajero Diego González Rivas que se dirija inmediatamente al puesto de seguridad más cercano».

Me apresuré a entrar al servicio, no por esconderme, sino porque aquello de «mearse de miedo» no es tan solo una expresión, es una realidad tremendamente fisiológica. Mientras me lavaba las manos, entró un hombre elegantemente vestido. Me saludó con la cabeza y pasó a mi lado. Llevaba el mismo perfume que uno de mis profesores favoritos de primaria, que cuando tenía un mal día me daba una palmada en la espalda y me decía: «Todo está bien, Diego, lo estás haciendo bien».

Me dieron ganas de seguir a aquel hombre; los seres humanos somos bobos y tiernos cuando nos morimos de miedo, por mucho que seamos genios de la cirugía o sepamos hacer que un corazón que ya se ha parado vuelva a latir. Sin embargo, el señor elegante subió a un patinete eléctrico y desapareció de mi vista.

Vi unas sillas en un rincón, al lado de una ventana, enfrente de la puerta de embarque, y fui a sentarme ahí mientras decidía qué hacer. Mi nombre resonó por todo el aeropuerto por segunda vez. Volví a pensar en la peli *Argo*, podía sentir exactamente lo que sintieron aquellos diplomáticos americanos tratando de huir de Teherán. Cerré los ojos; no sabía si debía ir a la puerta de embarque o quedarme sentado. ¿Qué pasaría si perdía el avión? Ya llevaba dos días ilegal en el país. Saqué mi móvil y escribí en el buscador: «Calabozos israelíes»; si me iba a tocar pasar alguna noche ahí, prefería saber lo que me esperaba de antemano.

«Diego González Rivas, por favor [...]».

Tercer aviso.

Como el tercer canto del gallo, pensé. Me encontraba en Tierra Santa y aún me quedaba algo de espacio para el humor.

A lo lejos, vi al hombre elegante aparecer montado en su patinete. Llevaba la corbata hacia atrás y se acercó hacia mí, seguido por un policía también en patinete. Miré al suelo. Miré al suelo hasta que tuve enfrente de mí los zapatos del hombre que, como mi profesor, me dio una palmada en el hombro y me dijo:

—¿Diego? —preguntó.

—Sí —contesté resignado y asustado.

—¡Pero, Diego, por el amor de Dios! ¿No escuchas que te estamos llamando?

El hombre se presentó como M, el contacto que me había ayudado a entrar en el aeropuerto sin que mi visado caducado fuera un problema.

—Te hemos estado llamando por megafonía porque quería saludarte en persona y darte las gracias por la labor que llevas a cabo.

Me relajé por primera vez en días.

—Venga, que vas a perder el vuelo —me dijo invitándome a subir al patinete.

Me subí, detrás de él, y me sentí a salvo.

Antes de despedirnos frente a la puerta de embarque, el señor M me dio un sobre y dijo:

—Esto lo sacaron mis agentes de seguridad de tu maleta, pero estoy seguro de que es importante para ti. Espero que nos volvamos a ver y que me cuentes la historia.

Una vez en mi asiento, con los motores del avión en marcha, abrí el sobre y encontré una pequeña bala que había extraído del pecho de un chiquillo en Gaza unos días atrás. En la cabina sonaban villancicos que hablaban de renos de narices brillantes, caramelos, ángeles y niños con la boca manchada de turrón. Había sobrevivido a la tierra que dio origen a las Navidades reales, a la tierra que poco tenía que ver con escenas idílicas de paisajes nevados y campanillas. Volvía a casa sabiéndome privilegiado por seguir siendo libre, por haber podido salir de un lugar en el que millones de personas no son ciudadanos, sino prisioneros. El aparato despegó. Apreté la bala en mi puño contra el corazón.

4

Franja de Gaza, cruce de Beit Hanoun

Unos días antes de partir a Madrid

El doctor Firas aparcó el coche en una especie de terminal desierta y sacó las bolsas repletas de material quirúrgico.

—Gaza es aquello —señaló con la cabeza.

Sabía que entraba a una prisión al aire libre. La pandemia había empeorado las condiciones de vida en aquella franja-apartheid en la que dejaban morir ahogados a sus ciudadanos, a pesar de que pocos kilómetros más allá había hospitales y recursos suficientes para aliviar la situación inhumana. Más de dos millones de palestinos están confinados en un área asediada de 360 kilómetros cuadrados, acostumbrados a los ataques constantes, a tener que vivir como desplazados entre edificios reducidos a escombros.

—Tenemos que dejar el coche aquí. —Firas me arrastró de vuelta a la realidad—. Vamos.

Le seguí, impactado por el silencio. Había visto miles de veces en la prensa ese mismo cruce repleto de gente y bullicio. Ahora solo estábamos mi colega palestino y yo. El camino desde Jerusalén no había sido nada fácil, habíamos tenido que parar en unos cuantos controles. En el último de ellos un tipo de uniforme me preguntó:

—¿Qué ganas cruzando el mundo para meterte en esa ratonera a operar en plena pandemia?

—Nada —contesté, asombrado de tener que justificar una misión médica.

—Pues ten cuidado, igual ahí dentro lo pierdes todo.

Miré a Firas, que miraba impasible al frente. Le imité, sintiendo una profunda admiración por su entereza.

Cruzar fue una odisea. Fueron tres los controles que tuvimos que superar: el israelí, el palestino y el de Hamás. En el primero de ellos me avisaron de que en el momento en el que saliera de Gaza tendría que ir directamente al aeropuerto y abandonar el país. Asentí, sabiendo que después de aquella misión tenía que dar una masterclass en un hospital de Tel Aviv. Mi amigo me tranquilizó; tenía contactos y estaba convencido de que encontraríamos la manera de arreglar mi visado.

—¿Estás seguro de que podremos salir de aquí? —pregunté con insistencia.

—A no ser que la PCR dé positivo y tengas que quedarte catorce días confinado en Gaza.

—No puedo quedarme, tengo que ir a casa por Navidad.

Firas me miró de reojo y reconocí que la anticipación era absurda en aquella parte del mundo. Todo era posible, también lo malo. Me señaló la ambulancia que nos esperaba. El conductor llevaba dos mascarillas, una encima de otra. Lucía un reloj hecho de papel y se dio cuenta de que había llamado mi atención.

—Mi hija me hace relojes de papel para que no olvide la hora de la cena —me explicó.

Podía imaginar su sonrisa debajo de las mascarillas, y me relajé de inmediato. El viaje hasta Gaza había estado plagado de encuentros desagradables, todo parecía mucho más fácil aquí.

Las calles permanecían absolutamente desiertas debido a la cuarentena.

—Ni siquiera podemos acudir a los hospitales con facilidad si tenemos síntomas de COVID —nos explicó nuestro conductor—. Nos han condenado a la muerte silenciosa, en nuestras casas, sin hacer ruido.

Los gatos merodeaban a sus anchas. Las alfombras colgaban de los alféizares, como recordatorio de que había vida en los interiores. La ambulancia recorría las calles, interrumpiendo la marcha cada doscientos metros por controles policiales, para explicar quiénes éramos, a dónde íbamos y por qué nosotros no teníamos que respetar la cuarentena. Los policías nos daban la bienvenida y nos repetían que era una lástima que nos encontráramos aquella Gaza silenciosa.

—Tienes que volver después de la pandemia —me aconsejó uno de ellos.

—Claro que sí —dije.

Mientras hablábamos, se abrió la puerta de una de las casas y de ella salió una mujer corriendo con una niña en brazos. Se abalanzó sobre la ambulancia y los policías trataron de detenerla. Hablaba en árabe y no entendí lo que decía hasta que el conductor de la ambulancia me tradujo: «¡Por Alá, llevad a mi hija al hospital! —gritaba—. ¡Por Alá, casi no respira, se va a morir!».

Empecé a ponerme los guantes, pero vi que uno de los agentes empujó a la mujer, obligándola a regresar a su casa. Solo podía ver los ojos de la niña mirándonos asustada y agarrándose a la ropa de su madre, que lloraba desconsolada.

«No», pensé.

No, no, no.

Pero, antes de que pudiera reaccionar, la ambulancia se puso en marcha.

—No nos dejan llevar a pacientes con síntomas de COVID —trató de excusarse el conductor—. Tampoco podemos ayudar a todos los que están enfermos, no tenemos capacidad.

Cuando entramos al Hospital Al-Shifa, aún estaba revuelto. Las obligaciones sociales no lograron distraerme; me reuní con el ministro de Sanidad para intercambiar palabras comedidas y estudiadas, nos hicimos la foto de rigor y comenzamos a planear las operaciones. El doctor Alarini había preparado diez pacientes que necesitaban ser operados, sin embargo, cinco de ellos habían dado positivo en COVID, así que tuvieron que ser descartados.

La capacidad del hospital era impresionante, los profesionales eran brillantes. Desde el punto de vista médico y humano todo funcionaba a la perfección. El problema era que aquel hospital no podía aislarse de su contexto. En Gaza había electricidad ocho horas, seguidas de ocho de apagón. Los generadores tenían sus limitaciones. Recuerdo perfectamente la cara de los pacientes aquel día. Recuerdo sus nombres y las breves conversaciones que tuve con cada uno de ellos. Recuerdo la esperanza.

Es curioso cómo funciona la mente; de los momentos de transición solo conservo imágenes. El hospital tenía zonas antiguas, recuerdo caminar con la mirada puesta en las paredes desconchadas en las que los pacientes escribían su nombre en árabe; ya que no podían existir en la conciencia del mundo, al menos dejaban constancia de sí mismos en los muros. Vi alguna que otra ventana rota. Me estremecía la cantidad de ventanas que vi rotas por un balazo en Gaza, cada vez que veía una, buscaba con ansiedad la marca en la pared opuesta. Si no la encontraba, suponía que quizá el impacto lo había recibido una persona. De forma instintiva comencé a evitar pasar cerca de las ventanas.

Es tremendamente complicado trabajar cuando la electricidad falla. También cuando anticipas la posibilidad de que ocurra, comienzas la operación en un estado de intranquilidad nada cómodo. Cuando empecé la primera operación, me tomé mi tiempo para explicarles a los cirujanos que me rodeaban cómo funcionaba mi técnica uniportal VATS. Les explicaba el procedimiento mientras operaba y trataba de mantener la calma cuando el material del que precisaba no estaba disponible. Mi objetivo era que cada vez más cirujanos en el mundo fueran capaces de llevar a cabo este tipo de operaciones, reducir el dolor, tener la capacidad de salvar más y más vidas. Sabía que la mejor manera de enseñar era transmitiendo seguridad y calma. Pero qué difícil me resulta a veces.

Los cirujanos locales me hablaban de los casos que trataban en Gaza; había muchos problemas gravísimos, uno de ellos era el cáncer. Me confesaban que hacían todo lo posible aun reconociendo que los pacientes no tenían la posibilidad de recibir el tratamiento apropiado. Lo que en otros países podría resultar en una remisión de la enfermedad, en Gaza consistía solo en alargar brevemente la vida. Estaban asediados e Israel les negaba el derecho a recibir atención médica adecuada.

Los escuchaba mientras me concentraba en el pulso del paciente; migajas vitales que me iban acompañando en mi misión de curar. Qué palabra tan bonita, curar. De pronto, un apagón me sacó de la concentración total; se había ido la luz en el quirófano y el generador no estaba funcionando. Perdí la paciencia.

—¡Que alguien encienda una maldita luz! —grité.

Un enfermero me alumbró con su móvil. No lo podía creer. No podía ser.

—¿Cómo pretendéis que siga así? —pregunté visiblemente enfadado.

Alguien dijo que si el paciente moría sería obedeciendo la voluntad de Alá, que nada sucede fuera de sus órdenes. Sentí la mirada de mi amigo, el doctor Firas, sobre mí. No dijo nada. Entendí que operar fuera de mi zona de confort conllevaba aceptar las nuevas coordenadas culturales y religiosas. También los límites del peligro e incluso las gastroenteritis.

Terminé la resección pulmonar bajo la luz de la linterna en el momento en el que un cirujano irrumpió en el quirófano.

—Tenemos un herido de bala en el quirófano de al lado —informó.

Me aseguré de dejar a mi paciente en buenas manos; ya solo quedaba cerrar los tejidos.

Sin tener tiempo de respirar hondo, me encontré frente a un joven al que se le derramaba la vida. El goteo de su sangre cayendo al suelo anunciaba la cuenta atrás. Las heridas de bala conllevan un tipo de cirugía diferente a la que acostumbraba a realizar, por la brutalidad implícita en el acto. No se trata de una lucha contra la propia naturaleza del cuerpo y su patología, se trata de la violencia irrumpiendo en el cuerpo. Abrí sin saber muy bien el alcance de la destrucción de los tejidos, reconociendo que no contaba con mucho tiempo; el paciente estaba inestable.

No sé exactamente cuánto tiempo pasó antes de conseguir sacar la bala y estabilizar al paciente. Cayó el atardecer y las mezquitas de la zona llamaron a la oración. Limpié la bala y sentí su peso en la palma de la mano: ese pequeño trozo de metal, destructor de mundos, me recordó que un instante podía cambiarlo todo. De pronto noté que la tensión acumulada me entumecía los músculos.

Las dos operaciones habían sido retos superados y, sin embargo, me sentía profundamente insatisfecho. «Serán el hambre y el cansancio», me dije. Firas me invitó a dar un paseo por las callejuelas de Gaza. No lo pensé dos veces, me puse el abrigo y comenzamos a caminar en silencio. Las calles vacías estaban llenas de los sonidos de la cotidianidad de las casas. Sonidos de cazuelas, un bebé llorando, un arrullo, la televisión encendida, alguna canción. Y los olores, esos olores a hogar, a pan, a leche hervida, a ropa recién lavada. Vi a algún niño que se había logrado zafar del confinamiento estricto. Nos reconocían como forasteros y nos observaban medio escondidos y risueños.

Firas me condujo hasta la playa, donde unos pescadores nos mostraron, orgullosos, la pesca de aquel día.

—Antes podíamos vender fuera de Gaza —me contó un pescador jovencísimo mientras desenredaba un cangrejo de su red—. Pero al menos nosotros podemos salir de casa, podemos seguir saliendo a la mar.

Pasé un rato con ellos disfrutando de una muestra de lo que me habría encontrado de haber visitado Gaza sin estar confinada. Mi amigo cogió dos sillas de plástico blancas, las típicas de piscina en las que todos nos hemos sentado en verano, y me invitó a sentarme con él. Vimos las barcas a lo lejos, en el muelle, saliendo a faenar al atardecer. Y entonces hablamos del día, volcamos el estrés y las frustraciones a la orilla del mar, recibiendo a cambio aire fresco del invierno gazatí.

Las mezquitas anunciaron la puesta de sol, nos despedimos de los jóvenes pescadores y nos dirigimos a la cena que había preparado uno de nuestros colegas palestinos. Fue una noche agradable; por unas horas olvidé la tragedia que asolaba Gaza. Hablamos de las operaciones, hablamos de la resección pulmonar del primer paciente realizada a la luz de la linterna de un móvil. Todo eran alabanzas y felicitaciones. En ese momento, el hambre se había saciado, pero el sentimiento de insatisfacción seguía adherido a mi garganta.

Aquel paciente era un joven de dieciocho años que tenía toda la vida por delante y toda su esperanza puesta en mí. La confianza ciega de los pacientes conlleva un peso tremendo en cuanto a responsabilidad.

—El problema es que independientemente de que la operación haya sido un éxito, las expectativas de vida del paciente no son buenas —expliqué—. Necesita un trasplante de pulmón. ¿Qué posibilidades hay de que se pueda llevar a cabo en Gaza? ¿Qué posibilidades hay de que el paciente sea tratado en Israel?

Ese era el problema. Muchas veces las limitaciones no pertenecían al campo quirúrgico o médico, se trataban de limitaciones burocráticas, políticas. Las fronteras mataban.

—Diego, «imposible es nada» —parafraseó uno de los médicos.

Claro que imposible era nada, pero no podía quedarse en un mero eslogan o una frase hecha. Tenía que ser real. Tenía que ser como esa bala que entra y fulmina. Tenía que conseguir que fuera posible que mis pacientes contaran con un posoperatorio adecuado. Que fuera posible el acceso real a la formación de las técnicas que manejaba. Que fuera posible el impacto positivo de mis conferencias, de mis viajes, que no acabara todo cuando volviera a casa. Que fuera posible el impacto a largo plazo.

Aún no lo sabía, pero en esa insatisfacción que sentía comenzó a gestarse mi proyecto, mi fundación.

Observé Gaza desde la azotea de un edificio que se alzaba en medio del silencio. Imaginad la ciudad más poblada del mundo sumida en la inmovilidad de la pandemia. Se podía sentir, sin embargo, un sonido molesto que penetraba los tejidos hasta instalarse justo encima del corazón. De nuevo el mal presagio. Comenté en voz alta que aquel silencio tenía una vibración espantosa.

—Son los drones de las fuerzas israelíes que vigilan Gaza —me explicó uno de los médicos con los que había estado trabajando esos días, prosaico y cansado.

Soy cirujano, no me impresiona la muerte. Pero aquellas Navidades en Palestina, tierra sagrada, con la enfermedad cerrando filas junto a la violencia y a la opresión, sentí un vértigo que pocas veces había sentido antes. El silencio de Gaza dolía en los oídos, más allá del zumbido de los drones. Era un silencio que se colaba por los sentidos e impregnaba todo; que me llenaba de angustia el estómago. Se me acumulaban los nombres de los muertos que no habían conseguido ser atendidos. Todo el mundo tenía algún familiar o amigo que había muerto por COVID sin atención médica y con la imposibilidad de recibir ayuda en casa por miedo al contagio. Firas dice que recuerda a todos los pacientes que se le han muerto. Todos los cirujanos tenemos un cementerio dentro de nosotros con los nombres de aquellos pacientes que no conseguimos salvar. Miré a los cirujanos palestinos y me pregunté cómo gestionaban ellos tantas muertes que podrían haberse evitado, de haber contado con los medios adecuados o con el fin del asedio.

Alguien puso música de fondo y sonaron villancicos americanos. «Qué tétrico —pensé—. Más valdría un réquiem».

La mañana de la partida me levanté con opresión en la garganta. Aquellos días habíamos estado durmiendo en un hotel cerrado por la pandemia; el dueño lo había abierto solo para Firas y para mí. Pensé que la incomodidad física se debía a la acumulación de polvo en la habitación o al frío húmedo que se colaba por el cuello de las camisas. Era miedo. Simple y llanamente. Tenía miedo de no poder salir de aquel lugar.

Al despedirme de mis colegas pensé que la vida era tremendamente injusta. Éramos todos cirujanos, compartíamos objetivos vitales, formación, experiencias. Nos diferenciaba el color del pasaporte y los privilegios que el mío conllevaba. Yo podía entrar y salir —con dificultad— de aquella ciudad asediada. Ellos no. Los abracé sin saber que pocos años después algunos de ellos morirían bajo misiles israelíes tratando de salvar a sus pacientes. Les prometí que nos volveríamos a ver.

—*Insha' Allah* —dijo uno de ellos—. Si Dios quiere.

Dios no lo quiso.

Al llegar a la frontera para salir de Gaza, nos hicieron esperar a la intemperie cuatro horas. Un soldado cogió con ganas mi pasaporte; en el control reinaba el aburrimiento debido a las restricciones por la pandemia. Eran muy pocas las personas que pasaban por ahí. Enseguida, otros dos se unieron a él. Me sorprendió su juventud. La voz del chico que iba haciéndome las preguntas tenía aún un deje adolescente que trataba de equilibrar con un exceso de autoridad.

Cuando finalmente pudimos entrar en esa frontera-prisión, uno de los soldados estaba tecleando algo en el ordenador, otro pasaba las páginas del pasaporte con interés, mientras que el último miraba la hora sin cesar, probablemente esperando el cambio de turno.

—Parece que hay un problema —dijo el soldado del ordenador dirigiéndose a mí—. Desde Gaza tienes que ir directamente al aeropuerto Ben Gurión, y sin embargo tu vuelo es dentro de dos días. Creo que no vas a poder irte de aquí esta noche.

Miré a Firas, confiando en que se le ocurriría una solución. Tenía que dar una masterclass en el hospital de Tel Aviv al día siguiente, por eso no podía abandonar el país esa misma noche. Buscamos los vuelos disponibles para esa misma noche y compramos un pasaje a Grecia. Ya tenía vuelo; ahora no había razón para que los soldados no me dejaran ir.

El tipo de la voz dulce y carácter echado a perder me informó que se había asegurado de que mi visado fuera solo válido hasta las diez de la noche de aquel día.

—Te lo digo por si acaso se te ocurre la idea de quedarte unos días más —me advirtió—. No lo hagas, te meterás en problemas.

Llevábamos ya cinco horas ahí y estaba sudando a pesar del frío.

Firas, acostumbrado a las constantes amenazas israelíes, permaneció tranquilo. Quise imitarle, pero no se puede forzar la calma, es contraproducente. A veces la valentía no prende cuando debiera; el miedo es húmedo y lo inunda todo.

Por fin nos avisaron de que podíamos pasar el control final, pero antes me pidieron mi móvil y el ordenador para revisarlos.

—¿Vamos a encontrar algo interesante? —me preguntaron.

Me encogí de hombros; unas cuantas conversaciones con chicas guapas, la dirección de un restaurante al que me apetecía ir, fotos de mis pacientes, fotos de cánceres, radiografías y algún selfi en el quirófano.

Ya en el coche, Firas puso la dirección del aeropuerto en su móvil.

—Lo siento —le dije—. Te prometí que daría una masterclass, pero no veo la forma de poder quedarme.

Firas sonrió.

—Aún hay esperanza —respondió sonriendo.

Sabía cuánto significaba para él que diera esas charlas en su hospital, odiaba la idea de tener que irme así.

En uno de los atascos, cruzando Jerusalén, se le ocurrió llamar a un cirujano de su hospital; al parecer era un tipo que le debía algún favor y cuyo cuñado era uno de los directores del aeropuerto. El hombre escuchó la situación y simplemente le indicó que cuando fuera a viajar, debía identificarme como pasajero Mokdan al dar mi pasaporte. Todo parecía estar bajo control. Al mismo tiempo, todo podía salir mal.

—Oye, ¿las cárceles israelíes están bien? —pregunté de broma. No era una broma. Sonreí, mientras por dentro temblaba, pero ya estaba acostumbrado. Solo quedaba seguir adelante; cumplir la promesa que le había hecho a un amigo.

Di aquellas clases sin publicarlo en redes sociales, sabiendo que estaba donde no debía, y que necesitaba permanecer en la sombra. Estaba casi convencido de que había burlado a las autoridades. No, claro que no. Lo que desconocía es que en

Tierra Santa, territorio de dioses omnipotentes, el Mossad campaba a sus anchas y todo lo sabía y todo lo veía.

No supe en ese momento que uno de los médicos presentes era un agente de la inteligencia israelí.

No supe que yo podía estar ahí porque decidieron desde arriba que podía quedarme. Se había tomado la decisión de dejarme operar. ¿La razón? Había puesto mi deber como médico y como científico por encima de mi integridad física. Había arriesgado mi seguridad para formar a unos cuantos médicos en Israel. E Israel supo reconocer que el conocimiento que dejaba en su tierra era de un valor incalculable.

La conferencia terminó, fue un éxito silencioso y falsamente clandestino; jamás estuve fuera de la mirada de la agencia de inteligencia. De haberlo sabido, me hubiera ahorrado el estado de pánico permanente en el que viví esos días. Pero las agencias de inteligencia tienen tendencias sádicas, en unos países de formas más sutiles que en otros.

«Soy pasajero Mokdan», dije al llegar al aeropuerto.

El resto es historia.

Pocos días después de aterrizar en España, el chiquillo al que le había hecho la resección pulmonar contactó conmigo. Se llamaba Fuad Sami Abu y tenía un neumotórax de repetición. La cirugía le había alargado la vida, pero necesitaba un trasplante. En su mensaje me pedía ayuda. Moví cielo y tierra para intentar sacarle de Gaza y operarle en algún hospital de Europa. No era posible, me decían una y otra vez. Pero no pensaba rendirme.

Seguí hablando semanalmente con Fuad; la labor del médico es también la del consuelo. En esta sociedad acelerada, en la que los sistemas de salud se rigen por normas numéricas

—cuántos casos ves es un día, cuántas operaciones fueron un éxito—, nos olvidamos de que las personas que vienen a nosotros lo hacen con dolor, o con miedo, o con ambos. Que nuestros pacientes confían su vulnerabilidad en nosotros, y ese vínculo no se termina cuando acaba la operación o el tratamiento.

Un día, en el aeropuerto de Frankfurt, leí un mensaje de mi amigo palestino, Firas, informándome de que Fuad había muerto. «Gracias por darle esperanza —decía el mensaje—. A veces como cirujanos creemos que nuestro valor está únicamente en salvar vidas, pero en realidad muchas veces lo más valioso es permanecer hasta el final al lado de nuestros pacientes, aunque ya no haya mucho que hacer por ellos».

No conseguí salvarle la vida. Pero murió sabiendo que era importante para mí. Estaba cenando sopa antes de embarcar. Una sopa sosa e insípida sobre la que derramé alguna lágrima sin poder evitarlo. Llamé a Firas.

—¿Qué decís los musulmanes cuando muere alguien? —quise saber.

—*Inna lillahi wa inna ilayhi raji'un* —contestó Firas—. En verdad a Alá pertenecemos y de hecho a él vamos a regresar.

Repetí la frase en árabe y dejé ir a mi joven paciente, haciendo de su muerte una promesa: lucharía toda mi vida para que la burocracia, las fronteras y las guerras no pesaran más que el derecho a la vida.

5

Sierra Leona

Julio de 2023

Pero ¿qué era más violento que hacer que las personas dejaran de creer en el valor de sus propias vidas?

ISHMAEL BEAH

Esta historia comenzó con un desgarro en medio de la pandemia. La Gaza asediada fue el impulso; después de la muerte de Fuad supe que tenía que ponerme en marcha, que tenía que organizarme de modo que mis viajes tuvieran un impacto real. Derribar fronteras más allá de lo meramente ideológico.

La fundación que llevaba mi nombre iba tomando forma y pronto pudimos comenzar a organizar viajes con el objetivo de instruir a los cirujanos, de invertir en recursos locales, de hacer que mi técnica fuera accesible. Nuestra primera misión nos llevó a Sierra Leona y salí de allí jurando que había sido el país más extremo que había visitado hasta entonces. No es una sensación nueva para mí; no trabajo en lugares fáciles, ni en situaciones ideales. Cada hospital conlleva retos que trato de abordar sin prejuicios y sin expectativas, pero no siempre es fácil, siempre necesitamos referencias que nos ayuden a navegar en terrenos desconocidos. Ya había estado antes en Burundi, que junto a Sierra Leona encabeza la lista de los más pobres del mundo, así que en cierto modo supuse que la experiencia sería parecida. Me di de bruces contra una realidad completamente distinta, pero mi capacidad para el asombro es, de momento, ilimitada. Es ese asombro lo que me ayuda a lidiar con el vértigo constante que siento cuando me empeño en adentrarme en imposibles.

Al contrario de lo que piensa la gente, mis imposibles no consisten en viajar a lugares extremos a operar sin luz. Mi imposible consiste en sacar adelante a pacientes que otros cirujanos han dado por desahuciados. Los pacientes que llegan con el miedo y la pena como una soga al cuello y me cuentan cuántos meses de vida les han dado en otro hospital, que me cuentan que nadie cree que merezca la pena operarlos. Esos son los imposibles que me mueven y es por eso por lo que termino haciendo de cada lugar un lugar extremo; porque cada país en el que opero es diferente y brutal, porque cada vida que salvo casi podría considerarse como acto milagroso, más allá de la ciencia.

Sierra Leona se trataba de la primera misión de mi fundación en el continente africano. Una especie de bautismo en un país que acabó siendo una sacudida a todos los niveles.

Todo el material necesario para realizar las operaciones fue donado por la fundación, incluyendo las torres de laparoscopia, esenciales para llevar a cabo las intervenciones mediante la técnica que había creado. Además de las torres portátiles, el material incluía un set de instrumentos grabados con el nombre de la fundación y un set de once piezas para la realización de videocirugía. Un inventario que conocía de memoria y del que dependía para que las operaciones salieran bien: si el material no llegaba, se retrasaba o resultaba dañado, no había posibilidad de reemplazarlo. Leía una y otra vez la lista como si fuera una plegaria; aún guardo el papel arrugado que llevé durante una temporada en la mochila.

Si cierro los ojos, soy capaz de recordar Sierra Leona escena por escena. Como si de una película se tratara. Una de esas películas angustiosas en las que no pasa nada y pasa todo a la vez, en la que todo está a punto de estallar en mil pedazos. No dejaba de preguntarme «¿cuándo?», «¿cuándo nos iremos al carajo?». Esa tensión me iba deshaciendo los nervios.

Las calles africanas tienen algo en común: el exceso de vida. No hablo de exceso como algo negativo; se trata de un extremo que me ayuda a zambullirme en lo que en realidad importa. Todas las personas parecen tener algún tipo de vínculo, la sociedad es una red fortísima que lo sostiene todo.

Atravesaba las calles en un coche que olía a ambientador de los años ochenta y a tabaco. Los retrovisores estaban asegurados con cadenas.

—Para que no los roben —explicó Peter, nuestro conductor.

En el salpicadero había un *Zhaocai Mao*, un gato de la suerte chino, en cuya barriga ponía «I love you».

—¿Has ido a China? —le pregunté.

—No —contestó—. China viene aquí. En cien años toda África será un imperio chino.

Un chiquillo golpeó la ventanilla y me ofreció un periódico del día. Peter me dijo que no se me ocurriera comprar nada en aquel atasco.

—Es solo un niño —protesté.

—No abras la ventanilla —me advirtió.

El niño pegó el periódico al cristal para interesarme con los titulares. La noticia principal hablaba sobre el armamento nuclear en el Este.

—La prensa nos distrae con problemas ajenos para que no protestemos sobre los propios —suspiró Peter—. A mí me preocupan los cortes de luz y la contaminación del río. ¿Nuestros cortes de luz salen en vuestras noticias? La semana pasada hubo un corte de luz en el restaurante de mi hija, al final ni siquiera el generador pudo salvar la situación. Fueron cincuenta los kilos de comida congelada que se echaron a perder. Eso es una tragedia muy grande. A la mierda el armamento nuclear —concluyó con una sonrisa.

Me caía bien Peter porque no tenía filtro. Decía lo que pensaba y sonreía cuando lo sentía de verdad. El camino hasta el hospital se me hizo corto a pesar del atasco. Lo primero que captó mi atención en la entrada de emergencias fue una señora que vendía flores para muertos. Lo había escrito en un cartón: «Flores solo para personas muertas. Las flores para los vivos las vende Madame Thérèse en la calle de atrás». El joven encargado de ayudarme con el material me explicó que la mujer había tenido que poner el cartel después de varios casos en los que los pacientes habían recibido coronas de flores en vida, llevándose un disgusto y sintiendo que se trataba de un mal augurio.

—Deberían poner al lado un puesto de flores para vivos —dijo—. Los familiares de los pacientes compran las coronas funerarias porque no quieren caminar hasta la otra calle. Y al final las flores son solo flores. Qué tonto que los ramos sean para los vivos y las coronas para los muertos. Seguro que fue cosa de los ingleses, que nos llenaron el país de cosas absurdas —bromeó.

Dicho esto, el joven se colocó la maleta llena de material frágil en la cabeza e hizo una señal para que le siguiera.

Entramos en el hospital, que parecía una cárcel. Había verjas por todas partes. El suelo era de cemento con desagües y me recordaba a las típicas vaquerías de los pueblos gallegos. El techo era de zinc y convertía todo el edificio en un simulacro del infierno. La falta de salas de espera resultaba inquietante; los pacientes aguardaban en los pasillos durante horas. El ambiente se asemejaba al de un mercado: grupos de familias sentadas al lado de un enfermo tendido en el suelo, compartiendo comida, descansando a ratos, hablando a gritos. Era sórdido, pero se trataba de una sordidez ordenada.

Las condiciones que me iban explicando eran complicadas e incómodas; en toda la capital no había una sola máquina de Tomografía Axial Computarizada (TAC). La única del país se encontraba en un hospital privado de una ciudad a cientos de kilómetros de distancia. Esto suponía que podían operar solo casos diagnosticados mediante una radiografía. Me gustan los retos, pero valorar pulmones destrozados mediante radiografías constituía un desafío que rozaba el límite de lo aceptable.

Me condujeron a una habitación donde había siete pacientes. Algunos de ellos eran posibles casos que podría operar para enseñar mi técnica a los cirujanos locales. Me hablaron de una chica joven que tenía VIH y los pulmones destruidos. De pronto, mirando su historia médica, caí en la cuenta de que la paciente sufría una tuberculosis multirresistente en activo. Me sorprendió que la hubieran considerado como candidata a cirugía, y me asusté cuando la miré y vi su sonrisa: no llevaba mascarilla. Una paciente con tuberculosis activa debería estar siempre en aislamiento. Me quedé paralizado e indiqué a mis compañeros que debíamos salir de esa habitación inmediatamente o corríamos un alto riesgo de contagio.

Hay muchos momentos en mi vida en los que debo tener en consideración mi propia seguridad, y a la vez tener cuidado con no dañar la dignidad del paciente. No hacerle sentir culpable de su patología. A veces, cuando estás frente a frente con un paciente altamente contagioso, es difícil guardar la compostura. Conseguí salir de la habitación manteniendo la calma, pero una vez fuera no pude evitar que se me notara el miedo: «Esto es peligrosísimo —grité—. No solo para los sanitarios, también para el resto de los pacientes». Pensé en la epidemia del ébola de 2014; todavía, casi diez años después, podían encontrarse folletos informativos sobre las medidas que se impusieron sobre la población. Me dije que era un milagro que se hubiera acabado con la epidemia, en las pocas semanas que llevaba en el país no paraba de escuchar casos de pacientes que morían por causas perfectamente tratables de haber tenido los medios o la prevención adecuada.

El hospital, más que un centro donde sanar, parecía un almacén de enfermos. Un lugar donde mantenerlos apartados de la sociedad sana. «Esto no puede ser», me repetía una y otra vez. Aquel lugar semejaba la antesala de la muerte.

Fue un paciente el que me distrajo brevemente del desasosiego. Tenía sesenta años y su presencia creaba disonancia con el entorno. Llevaba un pañuelo pulcrísimo de lunares rodeándole el cuello. Tenía la voz que tiene Dios en las películas de animación y hablaba con una felicidad impasible; daba igual que diera los buenos días o dijera: «Me estoy muriendo de cáncer». Las enfermeras comentaban que jamás nadie había ido a visitarle. Comentaban también que hablaba un idioma que nadie entendía. «Parece un idioma europeo», decían. No tenía teléfono móvil. Pasaba horas leyendo un libro de principio a fin. Un libro que tenía subrayado y que a veces le hacía llorar. *Un largo camino*, de Ishmael Beah, que contaba las memorias de un niño soldado.

No se trataba de uno de mis pacientes, pero compartía habitación con un chico al que operaría al día siguiente.

La única vez que se dirigió a mí, no lo hizo para preguntarme algo relacionado con la medicina; me preguntó por mi canción favorita.

—No lo sé —contesté—. Muchas. —Sonreí. La música era uno de mis grandes amores.

—Un viajero no puede tener muchas canciones favoritas —replicó el paciente—. Ha de tener una, como un faro en la vida, una canción a la que volver cuando estás perdido.

—¿Cuál es la tuya? —le pregunté.

—No es una canción —respondió el paciente—. Es una creación épica: *Dancing with Kadafi* de Infected Mushroom.

Unos meses más tarde una chica me habló de Infected Mushroom y sonreí. La chica pensó que le sonreía a ella, pero era una sonrisa de agradecimiento por haberme recordado al paciente con voz de Dios.

Antes de despedirme de él le pregunté por ese misterioso idioma que tenía a los enfermeros tan intrigados.

—Oh —exclamó regocijado en el interés—. Es sindarin.

—¿Sindarin? —repetí con extrañeza.

—Sí, sí, una de las lenguas de Tolkien —me explicó—. La aprendí para despegarme del mundo.

Sonreí asombrado y agradecido por aquella conversación; jamás me cansaré de repetir que los pacientes son siempre el tesoro de cada viaje. No solo por el reto que supone salvar sus vidas, sino por todo lo que aprendo con ellos. Hablan de sus miedos, de sus seres queridos, de amores imposibles, sobre la comida favorita cuando eran niños, de aquello de lo que se arrepienten, comparten poesías que se saben de memoria. A veces vuelven un poco a la niñez y lloran. Me muestran su cultura a través de su mirar, de su sentir. Tengo miles de fotos operando, enseñando y, sin embargo, no tengo fotos de esos momentos intimísimos que me guardo solo para mí y que son la base de cómo entiendo la medicina: el acompañamiento del paciente es esencial, ser merecedor de su confianza es el mayor de los premios. Reconozco el privilegio de que me dejen mirar directamente su alma antes de tener que abrir su cuerpo. Cuando esto ocurre en diferentes latitudes, lenguas, creencias, siempre encuentro algo que nos une a todos como especie: la necesidad de la ternura.

Y es esa ternura, ese momento de intimidad, lo que me da las fuerzas necesarias antes de tener que enfrentarme cara a cara contra la enfermedad.

En el quirófano de Sierra Leona la lucha fue infinita; luché contra las condiciones nefastas, contra la falta de preparación y contra la ilusión de los estudiantes y médicos presentes. La ilusión es a veces un peligro, porque nos aleja de la realidad. La excitación que producía el hecho de realizar la primera cirugía mínimamente invasiva hacía que se tratara de dejar la realidad incómoda de lado. Pero esta desbordaba y se presentaba una y otra vez en forma de errores técnicos, negligencias y condiciones pésimas del material.

—Dejad la felicidad para luego —les pedía—. Os quiero alerta. Os necesito alerta.

Antes de comenzar la operación se me acercó una médico alemana que viajaba en ocasiones al país como voluntaria. La doctora Katja Maschuw me contó que nos encontrábamos en un lugar del mundo en el que nueve de cada diez pacientes que podrían haberse salvado mediante una cirugía a tiempo, morían. Imaginad cómo es caer enfermo en Sierra Leona. Hablaba con una dulzura inusitada sobre cómo se enfrentaban a semanas en las que no tenían ni siquiera material quirúrgico básico, como suturas, guantes, comprensas, nada. Entré en quirófano con un nudo en la garganta, sabiendo que sería un milagro si podíamos terminar las operaciones sin que nos sorprendiera un corte de luz, por ejemplo, y siendo consciente de que era una suerte contar con el material necesario en ese momento.

El primer paciente casi murió antes siquiera de comenzar la operación.

El hecho de que no se hubiera realizado nunca una cirugía mínimamente invasiva en el país, ni siquiera una vesícula o un hemotórax, no se reflejó solo en la falta de torres de laparoscopia o material especializado, también en la preparación de los anestesistas que jamás habían intubado de forma selectiva. La intubación duró tres horas. La cirugía otras tres. Entre medias el paciente empezó a desaturar y los anestesistas no parecían ser capaces de ventilar. Yo no podía apartar la mirada de la pantalla.

Se muere.

Se muere.

Se muere.

Cuando el paciente llegó a un veinte por ciento de saturación, estaba seguro de que lo perdíamos.

69

Joder, el paciente se muere.

Tuve que intervenir. El subidón de instinto, la adrenalina, la rabia y la experiencia se acumularon en mis manos y en mi mente para salvar a ese hombre. «Quédate aquí», le ordenaba en voz baja y en mi lengua. Lo conseguí.

La ilusión y la alegría que llenaban el quirófano al principio, habían dejado paso al desasosiego. Los médicos seguían de pie observando, pero podía distinguir la sombra de la gravedad de la situación en sus miradas. Me vieron seguir, cansado y en silencio. Me vieron terminar con sangre fría, seguro de mí mismo, orgulloso de haberlo conseguido. Me vieron salir de quirófano con la cabeza alta y el cuerpo estremecido. Estaba temblando. Tenía la tensión por los suelos. La máquina de café del hospital estaba estropeada, así que me conformé con un poco de agua y una galleta salada.

La primera cirugía mínimamente invasiva del país había sido satisfactoria, tanto que acabó publicada en *The Lancet*, una de las revistas médicas británicas más rigurosas del mundo. Alguien me dio la enhorabuena. Sonreí. Otra persona me comenzó a hablar del segundo paciente en la lista. No era urgente y reconocía que para curar debía estar bien, tenía que cuidarme. Atardecía y me había pasado el día entero en el quirófano. Necesitaba salir de ese hospital-prisión. Bajé las escaleras y salí a la calle. Empezó a caer una lluvia torrencial que parecía querer borrarlo todo. Limpiarlo todo.

Cenamos con la doctora Marta Lado, una mujer coruñesa que había seleccionado los pacientes que íbamos a operar en Sierra Leona. Después de conocerla se convirtió en una de mis heroínas, de mis referentes. Su historia tuvo un impacto potentísimo en mí; a los cinco meses de haber llegado al país para,

70

literalmente, levantar el servicio de urgencias del hospital e implementar los estudios de Medicina y los planes de residencia, empezó la epidemia del ébola. Imaginad lo que tuvo que suponer para ella. Los médicos de su hospital iban abandonando uno a uno, pero ella tomó la decisión de pasar los dos años de la pandemia dedicada en cuerpo y alma a la lucha contra esta enfermedad.

—La mayoría del personal sanitario desapareció —me confesó—. Tenían miedo, en aquel momento el ébola tenía una mortalidad de un setenta por ciento. Ahora hemos conseguido reducirla a un treinta por ciento; me convertí en una experta involuntaria en esta enfermedad.

Me sentí pequeño a su lado; aquella mujer era todo un modelo de valentía, compromiso, entrega y generosidad. Cuando me flaquean las fuerzas pienso en ella, y su ejemplo me ayuda a continuar.

A la mañana siguiente me sentía listo para darle una nueva oportunidad al país, pero las cosas no empezaron bien. Pedí un café, me trajeron un Nescafé hirviendo y me dejaron al lado un sobre de leche en polvo y azúcar. ¿Cómo podía ser? Sierra Leona era un país cafetero. Llamé al camarero y me quejé.

—El buen café se exporta —me explicó el chico riendo.

—Como los médicos —contesté.

Siempre he sabido que África tiene una medicina espectacular, los conocimientos clínicos de los médicos son impresionantes. Abandonan el continente empujados por la falta de medios, la falta de oportunidades, la falta de futuro. Esa era una de las razones por las que creía firmemente en el impacto de mi proyecto; quería crear pequeños centros quirúrgicos locales, en los que formar a cirujanos para que pudieran desarrollar nuevos tipos de cirugía en sus países y no tener que irse a aprender al extranjero. Esto también repercutiría en el bienestar de los pacientes, de todos, y no solo de los que pueden pagar un viaje a la India o a Europa. El derecho a curarse debe ser universal y no solo patrimonio de los ricos.

El primer café de la mañana había sido una birria, pero era un experto en inspirarme en los desastres.

—Mañana espero que me sorprendas con el mejor café del continente —le dije al camarero antes de despedirme.

—Señor —se excusó el camarero con una sonrisa—, yo soy capaz de prepararle el mejor café del mundo, pero qué puedo hacer si lo único que tengo en el almacén son sobres de café en polvo.

Eso era. La falta de medios ahogando el talento.

—¿Cómo te llamas? —quise saber.

—Nick Carter Bangura —contestó—. Sí, como Nick Carter, el de los Backstreet Boys —añadió antes de que pudiera decir nada—. Mi padre le pirateó el disco a mi madre, por eso ella se casó con él. Sin embargo, nunca tuvimos en casa un reproductor de CD. Nuestro vecino tenía un coche y a veces mi madre le pedía permiso para sentarse dentro cinco minutos y escuchar *I Want It That Way* a cambio de comida casera recién hecha.

Entré en quirófano tarareando sin querer aquella canción de los Backstreet Boys, preparando el ánimo para abordar otro desastre inspirador, otra crisis que pondría a mi cerebro a mil para salvar la situación.

El paciente era un chico joven con historial de infecciones recurrentes que le iban quitando la vida poco a poco. Cuando entré todo estaba listo; los anestesistas habían aprendido de los errores del día anterior y la intubación tuvo lugar sin problemas.

En esta operación teníamos que hacer uso del cauterizador; un instrumento utilizado para cortar tejidos o detener hemorragias mediante calor generado por electricidad. El aparato comenzó a provocar interferencias con la cámara de modo que la imagen desaparecía. Cada interferencia se traducía en milisegundos en los que perdía de vista el interior de mi paciente.

Cada treinta segundos una interrupción.

Estaba preocupado, tenía que encontrar una solución sobre la marcha; tenía al paciente abierto sobre la mesa de operaciones. Me encontraba literalmente dentro de su pulmón y no podía ver nada. Mientras yo aprovechaba los momentos en los que la cámara funcionaba para seguir avanzando, el equipo de electromedicina del hospital trataba de solucionar un problema que al parecer se debía a una mala toma de tierra en el sistema eléctrico.

Se me ocurrió hacer una videollamada con mi colega ruso, Victor Markushin, que conocía bien el funcionamiento de las cámaras que utilizábamos; de hecho, él mismo las había recomendado. Todo esfuerzo fue en vano.

La situación había llegado a un punto crítico; sin visibilidad no se podía realizar una cirugía de forma mínimamente invasiva, así que tomé la decisión de poner por delante el bienestar y la seguridad del paciente y decidí proseguir con una cirugía abierta. Esto implicó realizar una incisión más grande de lo previsto inicialmente, tratando de mantenerla lo más limitada posible. Así completé la neumonectomía, que había comenzado como un procedimiento mínimamente invasivo. El resultado fue un paciente feliz, con una vida nueva y con una recuperación sin problemas. Estaba bien.

Las vidas pesan más que la ambición, más que las publicaciones científicas, más que el ego. En eso pensaba mientras me dirigía a la planta de pediatría. La Fundación Real Madrid había donado equipaciones y balones para los niños ingresados en los hospitales de Sierra Leona y Liberia y aquel día se los habían entregado; les había prometido que después de las operaciones iría a pasar un rato con ellos. De una pared del pasillo colgaba un mural con fotos de niños que habían fallecido en el último año, formando un corazón. Desde las habitaciones se escuchaban risas, juegos, vida. Entré en una de ellas convertida en una concentración de pequeños jugadores de fútbol; todos vestían las camisetas de la equipación y me saludaron con esa alegría contagiosa que los niños llevan por bandera. Me senté en una silla de plástico, junto a mi amigo y colega Tom Gressnit, cirujano holandés que llevaba años trabajando en Sierra Leona y quien facilitó en todo momento que la primera cirugía mínimamente invasiva del país pudiera ser una realidad. Mientras miraba jugar a los niños, a los que los regalos les habían dado un respiro de su enfermedad, hablaba con Tom sobre el camión-quirófano que estaba diseñando con mi fundación. Más que nunca creía en la necesidad de viajar a ese tipo de países, no solo con mi propio material como ya hacía, sino con mi propio equipo e instalaciones en las que sabía que no tendría que luchar contra errores técnicos poniendo en peligro la vida de mis pacientes, una y otra vez, durante los procedimientos más complejos.

—Tom, amigo, pronto me verás con un quirófano rodante recorriendo África, no habrá fronteras para la cirugía, y formaremos a los mejores cirujanos del mundo.

Tom sonrió, contagiado por la felicidad del momento, contagiado de esperanza, sabiendo que para mí imposible era nada.

6

Liberia

Agosto de 2023

No llores, no llores, linda niñita no llores.
No llores, no llores, linda niñita no llores.
Tu padre está en el pueblo,
tu madre salió por un rato,
tu hermano está abajo, junto al río.
No llores niñita, no llores.

Esa fue la primera canción que escuché en Monrovia, Liberia. Se trataba de una canción de cuna que me conectó directamente con la nostalgia; pensamos que las nanas se cantan para que los niños duerman, pero nada de eso, sirven para despertar a los adultos, para conectarnos con aquel momento en el que estábamos hechos de hambre, de sueño y de arrullos. Ese recuerdo dulce me distrajo del olor a repelente de mosquitos y el calor pegajoso.

La cantaba una chica jovencísima a la que la falta de aire le estaba quitando la vida y, aun así, insistía en seguir cantando, como un ritual para aferrarse a la tierra.

Su voz estaba rota; tenía un lóbulo del pulmón destruido por la tuberculosis. Llevaba un tiempo sufriendo una infección tras otra, y al final se había acostumbrado a pasar sus días en el hospital.

—Paso demasiado tiempo pensando en el color de estas paredes —me contó—. No me explico a quién se le ocurrió pintar un hospital de color verde-infección —añadió antes de pedirme que la curara, solo para poder salir de ahí y pensar en otras cosas, rodearse de otros colores.

Aquellos días descubrí que esa chica hablaba como si tuviera un universo entero dentro de ella; lo sublimaba todo, hasta lo más escatológico.

—Mire, doctor, le aseguro que yo tengo a la mismísima muerte dentro —me aseguraba—. Aunque, ¿quién no la tiene?

Uno de mis compañeros interrumpió la conversación para avisarme de que había llegado el material al hospital. Me despedí de la paciente; escuché que retomaba su canto mientras me alejaba por el pasillo.

Fui muy feliz entregando el material quirúrgico donado por la fundación que llevaba mi nombre. Antes de la pandemia del COVID-19, todo esto era tan solo un sueño; ahora recorría el mundo no solo para operar, sino para compartir mi técnica de forma estructurada. Me negaba a llamarlo ayuda humanitaria; se trataba más de redes de conocimiento. Me proponía transmitir una serie de habilidades quirúrgicas para que los cirujanos locales fueran capaces de utilizar la cirugía mínimamente invasiva, y yo me beneficiaba de todas aquellas enseñanzas propias de la medicina de cada país. Siempre me iba con la sensación de que me llevaba mucho más de lo que dejaba.

Monrovia olía a sal. El ligero olor a salitre se colaba por las ventanas del hospital e invadía cada rincón. Recuerdo enamorarme del quirófano; tenía vistas al mar; todos los océanos me transportaban momentáneamente a mi tierra, a mi Galicia. Me pregunté si se podía surfear en aquellas aguas. Quizá después de las operaciones lo intentaría. Normalmente nunca me encontraba en quirófano mientras preparaban a mis pacientes. Sin embargo, esta vez era diferente, tenía que controlar el material y conectar la cámara 4K necesaria para la cirugía que, una vez más, sería la primera realizada de forma mínimamente invasiva en el país.

—¿Qué se siente al ser tantas veces el primero? —preguntó uno de los médicos residentes.

—Es un honor —contesté.

Realmente lo era.

La paciente de voz rota me había estado observando un rato, mientras el anestesista trataba de explicarle el proceso del sueño. A ella no parecía interesarle lo más mínimo la inconsciencia, los efectos secundarios o los riesgos. Le interesaba, sin embargo, la forma en la que el mar parecía anudarse a mis ojos.

—¿Te gusta el mar? —me preguntó.

Salí de mi ensimismamiento.

—Surfeo.

Mientras la anestesia entraba en su cuerpo, la chica farfulló una historia extraña que solía contar su padre. Algo sobre niños soldado que cada atardecer iban a la playa y se les olvidaba la violencia, se les olvidaba la sangre, se les olvidaba que tenían que ser muertos en la historia, pero no supervivientes. Porque un niño soldado que sobrevive es un problema para el sistema. ¿Qué haces con todo lo que has visto? La paciente aseguró que el país estaba lleno de niños soldado que ahora son adultos con la infancia encharcada en sangre. Contó que aquellos niños soldado en la playa surfeaban y reían. Contó, ya casi vencida por la anestesia, que un día otros niños soldado dispararon a aquellos que surfeaban, como si de un juego se tratara. Me dijo que ese mar estaba lleno de fantasmas de niños que juegan a llevarse a los forasteros. Me dijo que no surfease en sus aguas.

Me pidió que le salvara la vida.

La paciente se durmió. Sacudí sus palabras de mi mente y me concentré.

La cámara inicialmente funcionaba bien. Los cirujanos presentes en el quirófano comenzaron a elogiar la calidad de la imagen; no soy supersticioso, pero trato de no cantar victoria antes de tiempo. Mi cautela yacía en miedos bien fundados: pronto aparecieron interferencias y la imagen se perdió. Suspiré; no era la primera vez y sabía que no sería la última.

—No importa cómo empiece la operación, lo importante es cómo termina —les dije a los médicos que me rodeaban, aunque en realidad era un recordatorio para mí mismo.

La cámara se bloqueaba repetidamente. Uno de los médicos consiguió estabilizar la imagen por unos segundos, pero enseguida se volvió a bloquear.

—¡Mierda! —exclamé.

Suspiré; sabía que tenía que continuar como pudiera. Todas las miradas estaban puestas en mí; aquella operación se había convertido en una clase de cómo salvar una cirugía en una situación de extrema dificultad. Era consciente de que buscaban en mis ojos la seguridad y la confianza que iban desvaneciéndose por segundos; la sensación de vulnerabilidad rozaba el miedo.

Uno de los estudiantes rompió el silencio.

—¿Qué consejo podrías darnos? —preguntó.

Comencé a explicarle algunos aspectos técnicos sobre la operación.

—No, no —me interrumpió—. ¿Qué te hace especial?

Reconozco que aquella pregunta me cogió por sorpresa y me tomó unos segundos encontrar una respuesta sin tener que recurrir al manido «todos somos especiales», que por muy cierto que fuera, no aportaba nada en aquel momento.

—No me rindo —contesté—. Siempre veo oportunidades en casos que se dan por imposibles. Son muchos los pacientes que llegan a mí después de que varios especialistas les hayan dicho que no hay nada que hacer. ¿Sabéis qué? Eso es justo lo que nuestros pacientes necesitan: alguien que permanezca a su lado, que no aparte la mirada aun sabiendo que puede fracasar. No elijáis vuestros casos sopesando las probabilidades de éxito; operad a quienes más lo necesitan, imposible es nada.

Me di cuenta de que la atención estaba puesta en mí y no en la operación. La cámara seguía fallando y supe que no podíamos continuar así.

—¿Alguna idea? —pregunté.

Los médicos se miraron entre sí sin decir nada. Insistí:

—¿Alguna sugerencia?

Un joven mencionó que había visto una cámara antigua en el sótano del hospital. Le pedí que fueran a buscarla. Cuando la trajeron al quirófano, comentó que creía que nunca se había usado.

Fui escéptico, pero no tenía nada que perder. Tras limpiarla y conectarla, la encendieron y, para sorpresa de todos, funcionó. La calidad de la imagen era pobre, pero desde luego era mejor que nada. Aproveché la situación para enseñarles cómo la tonalidad rojiza de la imagen se relacionaba con su calidad y cómo operar en condiciones de visibilidad reducida. Había una fascinación general en el quirófano. Sonreí aliviado y bromeé diciendo que todo lo que podía fallar, había fallado. En un momento dado en que me quejé de la calidad de la imagen, un residente comentó:

—Al menos funciona.

Continué operando en silencio, decidido a abordar ese tema más tarde.

Lo conseguí, lo conseguimos; habíamos terminado la primera cirugía mínimamente invasiva de Liberia. Todos los presentes rompieron en aplausos, sabíamos que habíamos logrado algo grande con pocos recursos.

Antes de salir de quirófano, le pedí al residente que había mostrado disgusto por mis quejas sobre la calidad de la imagen que me acompañara. Por el pasillo del hospital le pregunté por qué parecía tan molesto con mi presencia.

—Traes tecnología de buenísima calidad sin tener en cuenta las condiciones locales —me increpó el joven doctor—. Intentas forzar tus circunstancias en nuestras circunstancias. ¿Para qué?

—No estoy aquí para discutir qué país tiene prácticas quirúrgicas más precisas —contesté—. Estoy aquí porque creo que la cirugía, en mi país y en todos, es una ciencia en permanente cambio. No puedes aferrarte al «aquí las cosas son así». Yo soy español, he aprendido muchísimo en América, he aprendido de cirujanos de cientos de países diferentes y he cambiado la propia cirugía de mi país, así que no me vengas con patriotismos. Si te traigo una cámara de buenísima calidad para hacer un tipo de cirugía que resulta en el bienestar de los pacientes, no me digas que vuestro sistema no es compatible. Haz que sea compatible si el resultado es bueno, aunque hagan falta años para llegar a ese cambio. La cirugía, como todo, si se estanca se pudre.

Nos miramos a los ojos e hicimos las paces sin que fueran necesarias más palabras. Me dio una palmada en la espalda y me dio las gracias antes de irse.

—Gracias a ti —le contesté—. Por empezar una conversación tan complicada.

—Por cierto —me recordó—. Creo que te esperan en pediatría.

Cuando se dio la vuelta para irse vi que en el bolsillo de su bata llevaba un libro de bolsillo: *Rebelión en la granja* de Orwell. Sonreí. Aquel chaval era joven, tenía hambre de justicia, sabía escuchar y leía. Me caía bien y deseé que llegara lejos, que no se perdiera por el camino.

Me dirigí a la planta de pediatría; un lugar incómodo donde los haya, porque coloca a aquellos que entran ahí en una posición en la que han de mirar de frente a la verdad que tira por el suelo todas las demás verdades: no hay justicia en la enfermedad.

Los niños, muchos de ellos pacientes con cáncer, me recibieron con emoción, les habían contado que traía donaciones del Real Madrid. En el hospital todos eran o del Real Madrid o del Barcelona. Los niños que eran del Barcelona se volvieron del Real Madrid al recibir la equipación sin pensarlo dos veces. Así funciona el fútbol, también la política, también la religión. Uno es de quien le viste, de quien le cuida, de quien le acoge.

Puede parecer un hecho sin importancia, puede parecer puro marketing: «Un cirujano español repartiendo equipaciones de tal o cual equipo de fútbol en un país en desarrollo». Sin embargo, el impacto era tremendo: por unas horas todos esos niños olvidaron que estaban enfermos, olvidaron que su vida se hallaba limitada por las paredes de ese hospital, se convirtieron en futbolistas fuertes y jugaban a marcar goles imaginarios ante los ojos de sus padres, que reían y rezaban porque sus hijos pudieran experimentar esa sensación en la vida real, que llegaran a ser adultos fuertes y orgullosos, que fueran supervivientes.

La supervivencia, en eso pensaba cuando me recibió el ministro de Salud y me hicieron una entrevista para la televisión local. Expliqué una vez más en qué consistía la cirugía mínimamente invasiva, preguntándome si en realidad la gente llegaba a entender el impacto de esta técnica más allá de lo puramente médico. De su impacto en la vida del paciente. De su impacto en su relación con el dolor, con la sanación, con las ganas de sobrevivir.

Atardecía raro en Liberia. El sol rompía contra el horizonte como una herida sangrando sobre la tierra. Estaba acostumbrado a deleitarme en atardeceres espectaculares, pero lo de Liberia era otra cosa, era un recordatorio, quizá, de toda la sangre derramada.

La puesta de sol dio paso a una noche pegajosa; llovía agua cálida, de esa que huele a fruta, a tierra, a cielo medio descompuesto. Cené en una terraza frente al mar, el olor a sal siempre mejora la comida. Pedí una cerveza y un poco de pescado cocinado a máxima temperatura; huía de las ensaladas para proteger mi estómago. Unas mujeres bailaban al ritmo de *Despacito* y estaban felices, quizá un poco borrachas. Qué más daba. Dejé el móvil de lado; tenía cientos de notificaciones, mensajes de colegas, de alguna chica cuyo nombre había olvidado, de admiradores. No quería perderme ese bodegón de naturaleza viva; la música, la alegría, el olor a perfume barato, los cuerpos imperfectos de esas mujeres. El contraste de la noche amable con el día en el Hospital John F. Kennedy era brutal; los casos extremos de aspergiloma y de tuberculosis, todos aquellos pulmones destrozados, desaparecían por un momento y entonces podía permitirme no ser Diego el cirujano estrella, sino solo un hombre feliz en un rincón alejado del mundo.

A la mañana siguiente, la realidad me sorprendió con una buena noticia: la paciente de voz medio rota a la que había operado el día anterior caminaba por el pasillo del hospital con su saquito de drenaje como si fuera un bolso de mano. Se había peinado y lucía una sonrisa que parecía el principio de una carcajada infinita. Los médicos locales estaban maravillados: una operación abierta de ese tipo suponía que el paciente podía tardar al menos tres o cuatro días en poder levantarse de la cama. Dijeron que mi técnica era un milagro. Los milagros requieren un acto de fe, no son objetivos.

—No. De milagro nada. Ciencia y buena técnica —contesté—. Mañana podrás irte a casa —le dije a la chica.

Y la chica me abrazó. Porque ya podía respirar. Porque ya no le iba a doler la vida.

Recordé la historia de la playa que me contó en quirófano, la de los niños soldado. No tenía tiempo para hacer surf, pero sentía curiosidad por conocer ese mar.

Nada más llegar, me asaltó un olor fuerte: se trataba de una mezcla de marea baja, de salitre, vísceras de pescado y orín. La realidad distaba mucho de las fotos idílicas que había visto en internet: la playa era prácticamente un asentamiento ilegal, un poblado vulnerable de ser borrado por cualquier tempestad, a golpe de ola. Me pregunté cómo sería vivir allí. Cómo serían por dentro esas casetas en la playa, quiénes eran los valientes que desafiaban la imprevisibilidad del mar.

Cuando saqué mi móvil para tomar una foto, un grupo de jóvenes se acercó exigiendo que la borrara.

—¿Por qué tomas fotos? —me increparon—. ¿Qué quieres? ¿Quién eres?

Me di cuenta de que estaba en una situación delicada. Más y más jóvenes comenzaron a aparecer desde las casas. Las mujeres y los niños me miraban con curiosidad, como si hubiera cometido un grave error.

De pronto, equipado con estrategias de supervivencia esenciales para el tipo de vida que llevaba, exclamé:

—¡Real Madrid!

Silencio.

Alguien rio.

—¡Real Madrid! —gritó un niño.

Los jóvenes parecían haber sido desarmados de toda agresividad, y me miraban desconcertados.

—¿No seréis del Barcelona?

—¡No! —exclamó uno de ellos—. ¡Somos del Real Madrid!

—Ah, bueno, ya me estaba preocupando —dije entre risas.

El fútbol nos igualó en el juego, un nivel donde no hay forasteros, donde el «otro» no es una amenaza sino un compañero. Estuve con ellos el tiempo necesario para sentir que la amenaza se había disipado y me alejé sabiendo que había salido ileso de una situación tremendamente complicada.

Pasé el resto del día reflexionando sobre lo difícil que es regular la curiosidad en países con culturas diferentes. ¿Dónde está el límite entre tomar una foto para el recuerdo y cosificar lo diferente? ¿Cuál es la ética de los viajes humanitarios? ¿Cómo satisfacer la curiosidad sin convertir esa realidad en un producto? ¿Cómo hablar de respeto y deshacerse de las prácticas neocoloniales impuestas por tantas ONG antes que nosotros? ¿Cómo reaprender África tras décadas de ficción donde el blanco es el héroe y los locales, víctimas desesperadas por la salvación occidental?

Sabía que mi fundación no solo debía ocuparse de pulmones destrozados, sino también de reconstruir un sistema de colaboración que valorara el conocimiento local, que fuera autosostenible, que derribara ese modelo de ayuda humanitaria vertical que crea una dependencia y enriquece a quienes ayudan a costa de los que reciben la ayuda.

A veces, en viajes como aquel, la carga mental podía con mi fortaleza y me sentía agotado. No solo viajaba para operar. Viajaba para entender cómo mejorar las cosas. Para curar el mundo.

En el taxi que me llevaba del hospital al aeropuerto para emprender mi viaje de vuelta, escuché un remix techno-afrobeat de aquella canción que mi paciente había cantado el primer día: «No llores, no llores, linda niñita no llores. / No llores, no llores, linda niñita no llores».

En mi móvil, un mensaje sin contexto: «Qué bien, Diego, qué bien».

Cerré los ojos y sonreí.

Qué bien.

7

Bután

Septiembre de 2022

Deja de llorar. ¿No sabes que tus lágrimas se convertirán en lluvia, que el vapor que sale de tu boca se transformará en niebla, y que tu hermano, que ha muerto, no podrá encontrar el camino hacia su próxima vida?

KUNZANG CHODEN, escritora butanesa

No recuerdo la ciudad, ni siquiera el país. Me encontraba en Europa, sí, de eso estaba seguro. La arrogancia y la despreocupación con la que los gorriones gordos intentaban robarme migajas de mi comida cada vez que miraba el móvil era un signo distintivo. Me había sentado en una terraza plagada de carteles que enumeraban las normas higiénicas a seguir; las restricciones que el COVID-19 había traído consigo se habían ido relajando, pero aún suponían el centro de la configuración social.

Al lado, dos señoras discutían en inglés sobre el budismo.

—Una tragedia tremenda la de casarse con un budista —juraba una de ellas—. Todo el mundo asume que son almas puras, pero te digo yo, amiga, que son los más hijoputas de todos, y que se aprovechan de esa fachada de bonachones bobos que tienen.

—Bueno, a ver, lo que nos hace perversos es lo humano, no lo budista, o lo cristiano, o lo musulmán —contestó la otra tratando de apaciguar a su amiga.

—Hay desencadenantes —replicó tajante la primera—. Por ejemplo, el budismo.

En ese momento comenzó a sonar mi móvil y lamenté perderme el resto de la conversación. Mi amigo y colega Manjunath me llamaba desde la India; supuse que querría pedirme consejo sobre algún caso y, sin embargo, me sorprendió con una pregunta:

—Escucha, ¿sabes dónde está Bután?

Mientras dejaba que mi amigo comenzara a exponerme el plan que tenía en mente, busqué Bután en el mapa; lo encontré encajonado entre la India y China, pequeño pero estratégico. Sonreí cuando leí que era un país de mayoría budista.

—Los cirujanos de ese país me han pedido que te convenza para que vayas a operar. Para ellos eres un fenómeno y sería todo un honor recibirte —me explicó—. Créeme, que te inviten es algo grandioso teniendo en cuenta que el país sigue cerrado a cal y canto por la pandemia; ningún extranjero ha entrado en dos años.

Me metí en Instagram y busqué contenido sobre esa tierra cuyo nombre sonaba a lejos; no me refería a distancia geográfica, más bien a ese tipo de distancia que descoloca la configuración interna de nuestro propio mundo. Me salió un vídeo que lo definía como el país de las dos «F»: de felicidad y de falos. El vídeo tenía de fondo una canción del grupo Sexy Zebras y se escuchaba en repetición solo un par de versos: «Ha sido un año jodido / ven conmigo». Paisajes bonitos, monasterios budistas, aventura y medicina. Claro que sí.

Dos gorriones se aprovecharon de mi ensimismamiento y comenzaron a picotear las tapas que me habían servido con la cerveza. La señora de la mesa de al lado repetía: «Un peligro, los budistas, te lo digo yo».

Sonreí de nuevo; tenía otro reto entre manos.

—Escucha, amigo —empezó a decir Manjunath antes de colgar—. Los casos que vamos a encontrar ahí son complicados, además no se trata de un hospital en el que se realicen muchas intervenciones de cirugía torácica —añadió.

—Descuida —contesté—. Ya sabes que imposible es nada.

En la puerta de embarque del aeropuerto solo había ocho pasajeros aparte de mí y de mis colegas y amigos Manjunath y Mugurel. Los ocho ciudadanos de Bután, que volvían a casa desde un aeropuerto indio, ni siquiera trataron de esconder su curiosidad. Por aquel entonces, el país seguía completamente cerrado debido a la pandemia; mi equipo y yo éramos los primeros extranjeros en entrar desde que el país se había blindado contra el COVID dos años atrás.

—Tenemos un permiso del Gobierno para ir a operar —expliqué.

—Yo también opero —exclamó uno de ellos con alegría.

—¿Qué especialidad? —quise saber.

—Opero vacas —contestó orgulloso.

Antes de embarcar me contó, con la ayuda entusiasta de sus colegas, cómo el ganado autóctono desempeña roles sociales y culturales, en ocasiones de más importancia que algunos seres humanos. No colocan a las vacas al nivel de Dios, se trata de algo más pragmático.

—Mi especialidad son los Nublang —me explicó—. Se trata de la raza tradicional en Bután, existe desde tiempos inmemoriales, desde que Dios aún no tenía nombre.

La conversación podía haber continuado durante horas, pero nos llamaron para embarcar. Tenía muchísima curiosidad por aquel país, y saberme en un avión rumbo a ese lugar me llenaba de felicidad.

Desde el aparato de hélices de Drukair me dediqué a observar el paisaje. Sobrevolamos montañas escarpadas que explicaban la inaccesibilidad geopolítica del territorio. La posibilidad de cruzar las fronteras del mundo era un regalo en aquellos tiempos, y yo era plenamente consciente de ello.

Nos recibió una oleada de silencio; el aeropuerto de Paro estaba completamente vacío. El cansancio no me impidió darme cuenta de que me encontraba en el aeropuerto más bonito. Tanta belleza sobrecargaba los sentidos; sentía una mezcla de excitación, agotamiento y la actividad extraordinaria del cerebro tratando de poner un poco de orden frente a aquella explosión visual. Los murales consistían casi en una advertencia de la atmósfera onírica en la que estaba a punto de entrar. Había nubes que rodeaban palabras doradas dando la bienvenida, un poco más abajo árboles frutales cuyos frutos parecían que fueran a desprenderse como ofrenda a los pasajeros. En el fondo, las pequeñas casas de Bután asomadas entre colinas verdes. También las terrazas de arroz desplegadas al infinito, un lama anciano y majestuoso reinando entre las criaturas del bosque.

La realidad se entremezclaba con lo fantástico, como si en vez de entrar en un país, estuviera entrando en la página de una novela donde lo mágico forma parte del tejido de lo cotidiano.

Y así era.

El exterior del hospital era bellísimo. Era simple y funcional y, sin embargo, al mismo tiempo, miraras donde mirases encontrabas detalles ornamentales y motivos religiosos. El edificio parecía estar perfectamente integrado en la naturaleza. Vi ramas retorcidas entrando por la ventanas, como queriendo brindar aire a los pacientes. Un hombre joven avanzaba hacia nosotros empujando a su padre en una silla de ruedas. Paró en seco al darse cuenta de que un escarabajo estaba cruzando el camino; esperaron el tiempo que hizo falta para que el insecto dejara el espacio suficiente para que la silla de ruedas pasara sin dañarlo.

La ruptura con ese ambiente idílico se produjo al entrar al edificio: por muy bonito que fuera, me hallaba en un hospital. Mi mirada se encontró con una chica deambulando con una sábana arrugada entre las manos. Le preguntaba a cada persona que pasaba a su lado: «¿Qué puedo hacer para quitar la sangre? ¿Cómo se lava la sangre?».

Uno de los médicos me explicó que los pacientes lavaban su propia ropa y la tendían en los patios. La ropa seguía un orden cromático y se asemejaba a esas banderas de oración conocidas como «Lung ta», que significa «caballos de viento». Se trata de telas que se utilizan como expresión visual de la devoción; se cree que al ser agitadas por el viento propagan las bendiciones y las oraciones impresas en ellas a través del aire, y de esta forma a todo el entorno. Según la tradición es así como la compasión y la sabiduría vagan por todo el mundo. Las oraciones se exponen al viento para que este extienda esos buenos deseos hacia todos los seres vivos.

Aquella chica no quería tender la sábana manchada de sangre que había salido de su nariz; le daba pudor exponerse de esa manera. Sin embargo, nadie parecía hacerle caso. Acunaba esa sábana llena de gotitas de sangre como si protegiera algo muy suyo.

—Está algo aturdida por la medicación —explicó un médico.

Dejé de mirar; sentí que aquel momento era tremendamente íntimo para ella, así que me distraje observando la arquitectura del hospital, que seguía la línea estética del país. Las paredes eran de un rosa pálido agradable. La naturaleza, como había observado desde fuera, irrumpía en el interior como exigiendo su derecho a estar; las ramas de los árboles se colaban por los corredores abiertos, las gotitas de lluvia resbalaban por las paredes y parecían lágrimas. «Por supuesto, el hospital del país más mágico del mundo tiene la capacidad de llorar», pensé sonriendo. Miré a la chica protegiendo su sangre de la mirada de los otros. La entendí perfectamente y le sonreí. La chica me devolvió la sonrisa, aliviada de encontrar reconocimiento en la mirada ajena por unos segundos.

—¿Un té? —Uno de los médicos anfitriones me sacó de mi ensimismamiento.

Acepté el té antes de la operación. Al adentrarme en las áreas privadas del hospital, aquellas alejadas de la mirada de los pacientes, comprendí que entre tanta belleza había lugares allí que evidenciaban su estructura, su interior, sus grietas, sus zonas descuidadas. Pensé que todo lo que se empeña en mostrar excesiva belleza tiende a esconder algo. En el caso del hospital, la necesidad de un buen saneamiento.

Enseguida me llamaron a quirófano. Se trataba de un caso muy complicado, un quiste hidatídico recurrente. La hidatidosis es una enfermedad provocada por la ingestión de alimentos contaminados con excremento de perro que contiene larvas de un tipo de parásito llamado *Echinococcus granulosus*. Esta enfermedad puede formar quistes en los órganos del cuerpo y afectar tanto a animales como a humanos. Antes de escuchar el nombre de la enfermedad en la universidad, recuerdo pensar en ella de niño como algo a la altura del infierno.

Recuerdo a uno de mis profesores del colegio alternar las frases con las que pretendía aterrorizarnos. Una de sus favoritas tenía que ver con la operación que estaba a punto de llevar a cabo.

—¡No toquéis a ese perro que os va a dar un quiste hidatídico! —gritaba.

Sonreí. Ahora curaba los quistes hidatídicos que tanto había temido de niño, cuando me los imaginaba como masas invasoras que me deformarían por dentro. No iba mal encaminado.

Aquel paciente ya había sido operado previamente en la India. El diagnóstico de su recaída coincidió con el anuncio de mi visita a Bután, así pudo ahorrarse tener que volver de nuevo al país vecino para someterse a una intervención que no podían permitirse localmente por falta de medios y de experiencia. Me comprometí a operarle mediante mi técnica mínimamente invasiva, pero, a decir verdad, al paciente realmente le importaba poco mi fama o cómo planeaba curarle; solo quería acabar con ese sufrimiento y ese miedo constante a morir. Como buen budista, no tenía problema alguno en pensar en la descomposición natural del cuerpo una vez muerto, pero ser consciente de que un parásito le comía por dentro le arruinaba las ganas de todo: de comer, de dormir, de respirar y de hacer el amor con su mujer.

Llegué, como de costumbre, cargado con todo el material necesario, avisado de que no iba a un país en el que se hiciera mucha cirugía torácica; la mayoría de los casos eran derivados a la India. Los retos formaban ya mi seña de identidad, no me asustaban.

En todas las operaciones llego a un punto en el que siento vértigo; en el que veo claramente el riesgo, en el que me planteo todo lo que podría salir mal, en el que calculo la caída. En el caso de este paciente, el momento me sobrevino al principio de todo, cuando me di cuenta de que los anestesistas, al no estar acostumbrados a ese tipo de casos, no tenían la experiencia suficiente y no sabían cómo intubar al paciente de forma selectiva, colapsando un pulmón.

Decidí hacerlo yo mismo, involucrando a los anestesistas. Jugando a ser «el ayudante» para respetar la posición de los médicos locales en su quirófano. Siempre explico que no puedo ir arrasando con mi forma de hacer las cosas, que la única forma de enseñar mis técnicas es desde la humildad, sin tratar de imponer el conocimiento, sino compartiéndolo.

La cirugía fue tremendamente compleja, larguísima, los doctores que me acompañaban seguían, con paciencia, mis movimientos. Me preguntaban, me observaban. Uno de los cirujanos más maduros trataba de entender la filosofía en la que se basaba mi técnica quirúrgica.

—Eres un budista sin saberlo, doctor —bromeó.

—¿Cómo es eso? —pregunté con curiosidad.

—El budismo se centra en la reducción del sufrimiento y en la expansión de la sabiduría, y eso es justamente lo que tú haces.

Cuando salí del quirófano, la chica que deambulaba por el pasillo había conseguido borrar todo rastro de sangre de su sábana, que ya ondeaba tendida en el patio. Ella comía fruta sentada en un banco y desde ahí me sonrió con orgullo. Asentí con la cabeza. Ambos habíamos triunfado en nuestro quehacer.

El mundo está compuesto de esos pequeños entendimientos con desconocidos; no hace falta un idioma en común, no hace falta más que un segundo de reconocerse en la mirada del otro.

La tienda de souvenirs estaba llena de penes, de todos los tamaños y colores: había pisapapeles de forma fálica, mecheros, llaveros, bolígrafos, absolutamente todo lo que uno pudiera imaginar. En Bután hay un Monasterio del Pene, dedicado a la adoración del «falo sagrado». En la cultura butanesa son una fuente de protección contra espíritus y fuerzas del mal.

Cogí un bolígrafo con un pene de goma en el extremo.

—¿Crees que si escribo las recetas a mis pacientes con esto me mirarán raro? —le pregunté a la dependienta.

—No —respondió ella con decisión—. Te traerá buena suerte, a ti y a ellos.

Me imaginé a mí mismo en mi consulta de A Coruña escribiendo con el bolígrafo-pene y reí a carcajadas. El boli se me cayó de las manos y una de las trabajadoras de la tienda, que andaba agachada colocando estatuillas en una de las estanterías, lo recogió y me lo devolvió.

—Gracias.

—A mí nunca me han traído buena suerte estas cosas —dijo la chica mirándome a los ojos—. Dinero sí, eso sí.

La seriedad de la joven contrastaba con la sonrisa que exhibían en general los butaneses, casi como si de un uniforme se tratara.

—Bueno —respondí—. Al menos tienes la suerte de vivir en el lugar más feliz del planeta.

La chica me miró ladeando la cabeza.

—Los budistas somos los reyes del marketing —me susurró. Y entonces sonrió.

Mis compañeros me llamaron desde el exterior de la tienda, se hacía de noche y teníamos que ir a cenar. Miré el bolígrafo y miré a la chica; recordé aquella película de Jean-Luc Godard en la que expresaba que tal vez un objeto fuera el nexo que une a los individuos, lo que nos permite coexistir en sociedad y compartir momentos juntos. Sentí que mi viaje acababa de enriquecerse notablemente con el breve intercambio de palabras con aquella chica; se me subieron las preguntas a la cabeza, como si fuera alcohol de garrafón, y me sentí algo aturdido. Quería saber qué había más allá de la cara bonita del país. Pensé en aquella mujer hablando sobre budismo el día que recibí la llamada de Manjunath: «Un peligro, los budistas, te lo digo yo», recordaba que decía.

Lo bueno de conocer un país a través de sus hospitales, a través de su forma de entender la salud, de lidiar con la enfermedad y la prevención, es que entraba en contacto con el mismo centro de las culturas. Todo el mundo acaba necesitando de un médico alguna vez en la vida; los hospitales acogen todo tipo de personas, eso quiere decir que el acceso a las historias que conforman la sociedad es mucho más directo y sin filtros.

Sabía que la única forma de entender una tierra nueva era descubriendo a qué dios se rezaba cuando uno tenía miedo a morir, qué nanas cantaban las madres, cómo se arrullaban a sí mismos los pacientes cuando sentían dolor. Había que entender los olores, tolerar el asco, mirar a la muerte con ternura, en todas las lenguas, en todos los puntos cardinales del planeta.

Y sabía también que los hospitales eran en muchas ocasiones una suerte de confesionarios, donde se decían cosas que jamás se dirían fuera de esas paredes.

Antes de ir a cenar pasé a recoger a uno de los médicos locales que había estado operando conmigo. Aproveché para preguntarle sobre el budismo y compartí con él la extraña conversación que había tenido con aquella chica en la tienda de souvenirs.

Aquel médico, que sonreía con los ojos, me explicó que el budismo entendía la paz como algo central a su filosofía, pero era cierto que se trataba de una religión que había hecho uso de la violencia desde su aparición.

—No hay nada que me cause más inquietud que los tipos blancos que colocan una figura de un buda en su salón —añadió de broma. Pero había profundidad en sus palabras; se refería a la tendencia a otorgar a ciertos lugares o filosofías un misticismo que acaba teniendo más de literatura que de realidad.

Me explicó también que el budismo diferencia entre el acto de matar y la intención detrás del acto de quitar la vida. Habló de cómo se deshumanizaba a los enemigos para que kármicamente no estuviese tan mal matarlos.

Se burló también de la fama de Bután como el lugar más feliz del mundo, me explicó que los casos de violencia sexual y abuso infantil habían aumentado de forma alarmante en los últimos años.

—¿Has oído hablar de los lotshampa? —me preguntó.

Negué con la cabeza.

—Es un grupo de hindúes de origen nepalí que comenzaron a habitar en las zonas del sur de Bután a finales del siglo XIX —comenzó a explicar el médico—. Desde entonces se les considera butaneses sureños. A partir de 2007 gran parte de la población tuvo que huir del Gobierno butanés, la mayoría acabaron como refugiados en países como Estados Unidos y Canadá. Jamás pudieron regresar a Bután. ¿Y sabes? Hay un número relevante de suicidios entre los refugiados butaneses. Lo que quiero decir con esto, Diego, es que nunca te fíes de un país que se autoproclama como «el más feliz del planeta».

Llegamos al restaurante y le di las gracias por la conversación.

—Gracias a ti por querer saber —me contestó mi colega con humildad.

Dejamos de lado las conversaciones graves y nos encontramos con el resto de los colegas.

Durante aquella cena, disfrutando de una cerveza Druk, miré a mis amigos con orgullo. Mi patrimonio, mi felicidad estaba ahí; la gente de la que me rodeaba, los amigos que me acompañaban, que me arropaban en esa vida mía de la que había hecho un viaje inacabable. Mi vida era el lugar más feliz del mundo, sin duda alguna.

Una de las preguntas que más me irritan durante las entrevistas para los medios es la de mi vida amorosa. La gente se preocupa demasiado por tratar de entender a las personas a través de la forma en la que se relacionan, pienso. Miro a mis amigos. La amistad es tan importante como el amor romántico, o más. Tan importante como la familia. Quizá el hecho de que no encaje en ningún molde social es lo que me lleva a hacer del mundo entero mi hogar. No hablo sobre el amor porque el amor dicho es inútil, el amor definido no sirve de nada. Estoy amando al mundo, a mi carrera, a lo que hago, tengo claro que jamás me limitaría dejándome definir por la voluntad de los otros. A veces bromeo con mis amigos casados: «¿Cómo se puede estar diez años con la misma mujer? ¡El matrimonio vuelve el amor en relaciones de hermanos!». Mis amigos ríen. Otras veces tiro de mi pasión por la música para aclarar que al igual que jamás firmaría un contrato jurando escuchar una sola canción de mi playlist, no podría conformarme con una sola mujer para el resto de mi vida. Al fin y al cabo, los budistas están en lo cierto al afirmar que todo está en permanente cambio. También las personas. Algo que me preocupa sobre la estabilidad que ofrece la institución del matrimonio es la tendencia que tiene la gente a apoltronarse. «Hay que cambiar el mundo antes de casarse —insisto—. Después uno no es capaz ni de cambiar el canal de la tele».

Dormía bien en aquel país. «Es el aire del Himalaya», me decía uno de los médicos. Por la noche caía sobre nosotros como una losa. Me hacía gracia que absolutamente todo allí hiciera referencia al Himalaya; hasta la cerveza local estaba hecha con agua proveniente de aquella montaña mítica.

Una enorme estatua dorada de Buda se erigía en una de las montañas de Timbu. El Buda Dordenma, de 51,5 metros, era la estatua más grande de su tipo en el mundo. En su interior había 125.000 estatuillas de Buda más pequeñas. Fue un privilegio visitarla en soledad. La mirada del Buda era imponente; pacífica y severa.

Recordé que mi amigo me explicó el día anterior que el pacifismo no tiene nada que ver con la ausencia de la guerra. Decía que la paz era en ocasiones más tremenda aún que la violencia. Agradecí la conversación previa a aquel momento, en el que pude mirar directamente a esa estatua y admirarla desde el conocimiento y no desde la fascinación ignorante.

Guardo todos los momentos de aquel viaje como tesoros en la memoria. La belleza de los lugares que visité, el impacto del tiempo, la cadencia de las palabras, el transcurrir de la vida, todo cobraba sentido gracias a las personas que me guiaban hasta esos lugares, que estaban junto a mí para hacerlo real, para poder tener a alguien a quien llamar cuando necesitaba algo de paz y poder decir «¿recuerdas la belleza de aquel lugar?» y que la otra persona respondiera al otro lado del teléfono: «Sí». De pronto, entre esa pregunta y esa respuesta, cabía todo un universo compartido.

Tiendo a mostrar una gran parte de mis viajes en mis redes sociales, creo que es bonito poder mostrar el mundo tal y como yo lo veo, como lo experimento. Pero siempre atesoro lo importante en un rincón de mi alma al que solo yo tengo acceso.

El día que subimos hasta Paro Taktsang, también conocido como Nido del Tigre, viví una de las experiencias más hermosas de mi vida. El ascenso de tres mil metros nos llevó cuatro horas. Mi amigo Manjunath repetía cada diez minutos que no podía más. Que se rendía. Nos suplicaba que siguiéramos sin él, que ningún tipo de experiencia merecía ese tipo de tortura. El guía, un hombre paciente y probablemente acostumbrado a turistas en baja forma, se paraba, sacaba algunos snacks de sus bolsillos y masticaba mientras nos daba tiempo para que decidiéramos si queríamos seguir o no. Yo animaba a mi amigo; le decía que el límite era mental. Veíamos cómo algunos adolescentes subían cargando piedras de cuarenta kilos hasta el monasterio con total parsimonia, y aquella visión le animaba.

Para mí, que mi amigo consiguiera llegar a su objetivo era más importante que conseguirlo por mí mismo, que llegar yo solo.

—Oye, amigo, estamos en esto juntos, tú me has traído aquí, tú me has regalado esta experiencia, yo te ayudo.

Manjunath respiraba hondo, maldecía internamente mi entusiasmo, y seguía mis indicaciones.

El guía iba hablando de la naturaleza que nos rodeaba, de la comida típica del lugar, de mujeres y de fútbol.

—¿Conoces el equipo de mi tierra? —le pregunté poniéndole a prueba.

—Claro que sí, el Dépor —contestó el guía orgulloso.

Llegamos a un punto en la ascensión en el que se imponía la necesidad del silencio para disfrutar de las vistas. Absolutamente todo lo que mi mirada abarcaba era suficiente. No faltaba nada para que el mundo fuera perfecto. Y, cuando llegamos al monasterio, la naturaleza y la creación humana se fusionaban de una forma perfecta y natural, como en el hospital. No existía esa ruptura que normalmente existe entre bosques y ciudades. Di una palmada en la espalda a mis amigos. Estábamos ahí, lo habíamos conseguido.

Los monjes nos recibieron y nos invitaron a asistir a sus rituales, la única condición era que no podíamos grabar ni tomar

101

fotos. Me enorgullecí de tener el privilegio de presenciar ese momento y de poder quedármelo solo para mí. Tenemos la tendencia a creer que todo lo importante está grabado, ¿cuántos momentos vivimos verdaderamente para nosotros? En este mundo hiperconectado, lo realmente valioso es lo que se esconde de lo público. Todo lo que no grabo, todo de lo que no hago fotos, es solo para mí. Y ahí, en medio del recitado de textos sagrados, en ese trance, en esa belleza inigualable de la naturaleza y del monasterio, supe que me encontraba en un país que había sabido construirse a la medida de la grandeza del Buda, tanto en lo bueno como en lo malo. Y entendí la necesidad del hombre de explicar tanta riqueza mediante la existencia de una religión que ponía la belleza como centro. No la belleza superficial. La belleza de la conciencia. Eso era.

La partida fue en silencio, no podía ser de otro modo; nos encontrábamos solos en la zona de facturación, nadie más podía abandonar ese país onírico que aún seguía cerrado, que aún sufría las consecuencias de la pandemia.

Me tomé un rato para estar solo en ese aeropuerto bellísimo. Siempre me han gustado los aeropuertos, siempre pienso bien en lugares de tránsito; hay algo en ese ir y venir que me ayuda a ordenar mis pensamientos. Aquel en concreto tenía un efecto extraño en mí; toda esa belleza condensada en un solo lugar me causaba una felicidad calmada. De pronto tenía la certeza de que todo iba a ir bien.

Cuando el avión despegó, sentí que había pasado días en un sueño. Entonces miré a mi alrededor y vi a mis dos amigos descansando cerca de mí. Un sueño compartido, uno más.

8

Lviv, Ucrania

Octubre de 2019
Poco antes del comienzo de la pandemia
por COVID-19

Lo más difícil de olvidar siempre es aquello que nunca sucedió.

KATERYNA BABKINA, escritora ucraniana

—No te sientes ahí.

—¿Perdón? —dije, sin saber aún a quién me dirigía o quién me había lanzado aquella orden.

Vi a una anciana, elegantemente vestida, acomodada en un banco justo enfrente del lugar en el que me hubiera sentado de no ser por su advertencia. Vestía de negro y bordaba con colores suaves, que contrastaban con la dureza de sus manos.

Esperé de pie a que me diera una explicación. ¿Por qué no podía sentarme en aquel banco? ¿Estaba recién pintado? ¿Sucio, quizá? La mujer me sonrió entonces, consciente de mi confusión.

—La luz es más hermosa desde este lugar —explicó. Y luego, con la mirada, me indicó que podía sentarme a su lado. Dudé un momento. Valoraba mucho mi espacio personal y solía rehuir situaciones que me forzaran a iniciar conversaciones superficiales con extraños. Sin embargo, aquella mujer parecía encarnar el alma misma del país.

Estaba esperando a un colega de China, que se había encargado de seleccionar a los pacientes que operaría durante la masterclass de esos dos días. Compartía con él la pasión por conocer distintas culturas y sabía que estaba encantado de acompañarme. Habíamos llegado a Ucrania con curiosidad y cautela; hay países que piden pausas para asimilar la sobrecarga de información que satura los sentidos, y desde mi llegada a Lviv, notaba la necesidad de parar, observar y escuchar.

—¿De dónde eres? —me preguntó mi nueva amiga.

—De Galicia, en España —respondí—. ¿Y tú? ¿Eres de aquí? —le pregunté con curiosidad.

—Ser de aquí es ser un poco del mundo entero —contestó.

Antes de viajar había leído que hasta 1918 Lviv había sido parte del Imperio austrohúngaro, luego de Polonia, y durante la Segunda Guerra Mundial, pasó a ser parte de la Unión Soviética. Lviv se convirtió en ciudad ucraniana en 1991. No sabía cuántos años tenía aquella mujer, pero quizá había sido ciudadana de tres países si acaso rozaba el siglo de vida.

Sabía también —y esto no lo había leído, me lo había contado un ucraniano borracho en un pub de Berlín hacía tiempo— que Lviv había pertenecido históricamente a una región llamada Galicia, nada que ver con mi tierra natal en España más allá del nombre compartido. Aquel borracho, llamado Boris, resultó ser un tipo brillante al que el alcohol había convertido en una suerte de Wikipedia humana, lanzando datos como síntoma de un exceso de estudio. Boris insistía en que el vasto azar nos había forzado a una especie de hermandad basada en que el Imperio austrohúngaro fundó una provincia llamada Galicia y Lodomeria, con Lviv como una de sus principales ciudades, y en que yo venía de la Galicia española. Europa del Este había visto imperios nacer y caer con la misma rapidez que los clubes de Berlín veían amores y amistades surgir y desmoronarse.

Mi amistad con Boris duró una hora y tres cuartos, pero ahí, en Lviv, sentado con aquella desconocida que tejía rápido y hablaba de belleza, me invadía una familiaridad inesperada. Como si mi alma reconociera esa Galicia extraña; como si la mera coincidencia de los nombres fuera un guiño del destino dándome la bienvenida a esa otra tierra, tan distinta y a la vez tan propia.

Cuando mi amigo llegó, listo para ir al hospital, mi compañera de banco había terminado de bordar una pieza de flores negras combinadas con verde, azul, amarillo y rojo. Antes de irme, me la ofreció.

—Es típico de esta zona de Ucrania —dijo—. Las vistas desde el banco de enfrente son igualmente hermosas, pero necesitaba algo de compañía —añadió.

Sonreí mientras guardaba su regalo cuidadosamente en mi maletín.

—Adiós.

—Adiós.

Me dirigí con mi colega a tomar un taxi. Las carrocerías estaban decoradas como los coches tuneados de la película *Grease*. Los conductores eran John Travoltas rubios y somnolientos. Nos metimos en uno con llamas de fuego pintadas en los laterales, y así recorrimos las calles de Lviv. Del espejo colgaban un rosario y un tigre de peluche, que se golpeaban entre ellos al ritmo de los baches.

Aproveché el trayecto para repasar los casos que iba a operar; haríamos una cirugía como parte de una masterclass con cirujanos de todo el país. Tenía una buena sensación.

Lo primero que hice al llegar, como acostumbro, fue saludar a los familiares del paciente que estaba siendo preparado para entrar en quirófano.

—¿Duele? —preguntó la esposa del paciente.

—Bueno —contesté—. La cirugía mínimamente invasiva reduce significativamente el dolor.

—No —sonrió ella—. Me refiero a la herida que tienes en la frente, ¿duele?

Antes de llegar a Lviv, había estado en Myanmar. El último día, mientras nadaba en la piscina del hotel, se hizo de noche. Seguí nadando, pero al no ver prácticamente nada, me golpeé contra la esquina de la piscina, y me hice una pequeña brecha, que resultó ser bastante profunda. De hecho, en Lviv, aparecí en los medios de comunicación con la marca en la frente.

Una herida siempre es una invitación a iniciar conversaciones: «¿Qué te pasó? ¿Duele?».

Quizá suponga cierta satisfacción para el paciente y sus familiares darse cuenta de que su doctor también conoce el dolor. Una vez, un polaco me preguntó cómo me sentía estando del lado de los que curan. «Bueno, no estoy en un lado distinto al tuyo —le dije—. Soy tan vulnerable a la enfermedad como tú, y también puedo ser víctima de cualquier accidente».

Sin embargo, me reconocía afortunado; no solía enfermar. Mi cuerpo debía de haberse inmunizado tras la exposición constante a diferentes virus y bacterias de más de cien países. También sentía que la adrenalina y la pasión por lo que hago juegan un papel importante en mantener las enfermedades a raya; a veces sentía que me iba a enfermar, pero internamente comprendía que no podía permitírmelo, que un día sin operar conllevaba no poder curar.

La masterclass en Lviv fue un éxito. Las operaciones salieron bien y los pacientes pudieron irse a casa al día siguiente. Los médicos que me rodeaban estaban entusiasmados con mi técnica. Alguien me habló de Kiev y Chernóbil. «Volveré», les prometí.

El otoño en Lviv era precioso; estaba fascinado con aquella ciudad llena de arte, músicos callejeros, iglesias y ese contraste de extremos que hacían imposible dejar de sorprenderse. Paseando por una de sus calles, me encontré con un icono ortodoxo de una Virgen María, extrañamente sin el Niño Jesús en sus brazos, y con unos ojos alucinados, casi blasfemos, que parecían señalar la puerta del bar de enfrente.

Uno de mis acompañantes se percató de que aquel lugar había llamado mi atención y me explicó que se trataba del Masoch Café; un pub de temática BDSM bautizado en honor a Leopold von Sacher-Masoch, un escritor medio obsesionado con el poder, el deseo y la sumisión, y cuyo nombre inspiró el término «masoquismo». Al parecer, los visitantes eran azotados en algún momento por los camareros; la imagen me hizo reír. Es increíble cómo los seres humanos llenan vacíos; unos buscamos maneras de reducir el daño, otros buscan experimentarlo.

Había escuchado hablar de los bares temáticos de la ciudad. Me recomendaron uno que se encontraba en un búnker de guerra, en el que se cantaban letras patrióticas mientras a los ucranianos les subía el alcohol, el amor por la patria y el deseo por las camareras voluptuosas, que servían copas como si fueran vasos de agua.

Opté por una experiencia más superficial de Lviv, literalmente, y preferí disfrutar del otoño en sus calles. Al día siguiente debía viajar a Bielorrusia y encontré un libro de una poeta bielorrusa, Natalia Litvinova, nacida cuatro meses después de la explosión de Chernóbil. Pasé la noche previa a mi viaje a Minsk leyendo su poesía. Litvinova, que vivía en Argentina desde los diez años, escribía sobre la desinformación y el miedo que envolvieron a su ciudad natal, situada a unos doscientos kilómetros de la central nuclear.

Sabía que volvería a Ucrania; quería visitar Chernóbil y me preguntaba cuál era la incidencia de cáncer de pulmón debido a la radiación.

Con esa curiosidad, que era más bien una promesa, dejé esa Ucrania fascinante.

9

Kiev, Ucrania

Diciembre de 2021
Casi un mes antes del comienzo de la invasión rusa

El mundo aún estaba medio atontado por el COVID, pero en las calles de Kiev una mujer cantaba «Nessun dorma», la increíble aria del tercer acto de *Turandot*. «¡Nadie duerma, nadie duerma!», exclamaba. Yo cerré los ojos y su voz me transportó, por unos momentos, de vuelta a China, donde transcurre la trama de la ópera de Puccini. A unos metros de mí, un niño de unos tres años la miraba boquiabierto. El sol se ponía tras el río Dniéper y sentí que estaba donde quería estar, donde debía estar.

Había vuelto a Ucrania de la mano del doctor Volodymyr, quien se encargó de que me empapara bien de la cultura y la historia ucraniana antes de comenzar la masterclass en el hospital. «Las patologías se entienden mejor cuando entiendes el contexto —decía—. Hay que enfrentarse al interior de un cuerpo entendiendo lo que come ese cuerpo, por dónde pasea, qué belleza lo rodea».

Paseamos por aquellas calles en las que la música omnipresente y la arquitectura ortodoxa invitaban a ser feliz y, sin embargo, no conseguía dejar de prestar atención a la cantidad de presencia militar. Los jóvenes reinaban en las calles con el atrevimiento propio de su edad: había grupos de amigos haciéndose fotos, algunos bebían y reían, una pareja se metía mano apoyados en una fachada, y el sonido machacón de un techno mal traído salía de un bar cuya puerta estaba abierta, invitando a esos grupos a refugiarse del frío.

Kiev, ciudad modernísima, se alzaba envuelta en un halo místico construido a partir de mitos, hechos históricos, santos, prostitutas, bailarinas y reyes, además de numerosas referencias literarias que usaban su nombre como base. Recordé con fascinación cómo Nikolái Gógol describía el Monte Baldío en Vydubichi, en la misma Kiev, donde, según la leyenda, las brujas de toda Ucrania se reunían para celebrar rituales mágicos.

—Ahora no son brujas las que van por allí en las noches —me dijo uno de los médicos entre risas—. Hoy en día es donde van los jóvenes a besarse.

«Bueno, también es magia», pensé. No lo dije porque era ridículamente cursi.

La vida excesiva chocaba abruptamente con la tensión política y la incertidumbre que ya se palpaban y se dejaban entrever en las conversaciones. La amenaza de la invasión rusa no era un tema dominante, pero se intuía la preocupación y había una tendencia constante a tratar de darle un sentido a aquel revoltijo político que se colaba en las conversaciones como ráfagas de viento frío.

Escuchaba palabras y frases sueltas; hablaban de la corrupción generalizada, de la ineptitud institucional, de las presiones geoestratégicas, de las facciones internas de Ucrania, de las omisiones de los grandes agentes internacionales, de las prevenciones que iban fallando dejando que el país entero fuera encaminándose al caos político. Y Rusia, claro, esa némesis sempiterna cuya sombra se cernía sobre la realidad ucraniana, cada vez más cerca, cada vez como una amenaza más real. Todos asumían que el ataque inminente acabaría sucediendo.

Antes de viajar, cuando los rumores de la posible invasión rusa se convirtieron en un escenario geopolítico probable, mis anfitriones ucranianos me pusieron sobre aviso y me hicieron saber que lo entenderían si prefería cancelar mis planes y dejar la masterclass para un momento en el que hubiera una mayor estabilidad en la región. Seguí adelante, porque en tiempos de crisis es cuando más se necesita el avance científico; si el miedo paraliza la ciencia, la cirugía y la enseñanza, es cuando nos ganan la batalla. Dije sí, al fin y al cabo, los retos eran parte de mi ser.

El hospital se encontraba en medio de un bosque; había sido un centro para enfermos de tuberculosis en el pasado. Los jardines, cuidadísimos, podrían ser los jardines de un hotel o de un restaurante. Poco después supe que era el hospital en el que recibía tratamiento el presidente del país cuando caía enfermo. El quirófano tenía ventanas por las que podían verse los árboles. El viento movía las ramas y la luz se reflejaba en las paredes de una manera que inducía a la calma.

Los casos a los que me enfrenté en Kiev fueron tremendamente complicados, de esos en los que uno teme que algo pueda salir mal. Al mismo tiempo, la dificultad me motivaba sobremanera a superarme a mí mismo una vez más, y a enseñarles a los cirujanos locales cómo manejar casos de semejante dificultad mediante la técnica uniportal.

Alguien fue nombrando los casos: una resección de carina, un tumor de carina, una carina-neumonectomía, un *sleeve* (una resección y reconexión bronquial) y una bilobectomía complicada.

—¿Vas a hacerlo todo? —me preguntó un estudiante.

—Claro.

Los cirujanos me rodeaban fascinados; se trataba de procedimientos extremadamente complicados y hubo momentos en los que el quirófano entero tuvo que contener la respiración. Una asistente encargada de recoger el material ya usado rezaba una oración corta cuando veía que la tensión entre los cirujanos era más que evidente y los monitores comenzaban a anunciar que el cuerpo del paciente se descompensaba.

Los cirujanos terminaron satisfechos y felices y los pacientes despertaron con la esperanza de saber que todo lo que podía salir bien había salido bien.

Recuerdo que durante el segundo día operamos a una chica muy joven que quería ser flautista y cuyo sueño era tocar el concierto para flauta y orquesta en re mayor, K.314 de Mozart, el favorito de su padre, que era militar y estaba destinado en la zona del Donbás. Se me ocurrieron entonces varios escenarios catastróficos que impedirían que su sueño se hiciera realidad, pero perder su capacidad pulmonar no era uno de ellos. Teníamos que hacer una resección del lóbulo inferior derecho para extirpar un tumor carcinoide endobronquial, y mi misión era preservar el lóbulo medio.

Lo conseguimos; la joven siguió tocando la flauta.

De su padre no sé nada, pero le imagino vivo. Vivo y escuchando a Mozart de la flauta de su hija.

No todo fue un éxito en esa masterclass, pero siempre insisto en que mi labor consiste en enseñar a salvar vidas, a mostrar técnicas para reducir el dolor de los pacientes y también a ayudar a aceptar la muerte. Porque, a veces, perdemos la partida. A veces perdemos a un paciente en la mesa de operaciones o pocos días después de una cirugía, y entonces debemos gestionar esa sensación de pena y de fracaso que se nos atora en la garganta y no nos deja respirar durante días.

Uno de los pacientes tenía cincuenta y ocho años, tenía una mujer de voz bonita y sonrisa enorme, tenía nietos a los que amaba, tenía una colección de sellos de la Unión Soviética y tenía también, y por desgracia, un tumor muy complejo en la carina, la bifurcación de los bronquios derecho e izquierdo desde la tráquea; todo eso tenía. Amaba su vida y se sintió tremendamente esperanzado cuando supo que había aceptado operarle.

La ubicación del tumor obligaba a quitar todo un pulmón; sabía que sería una operación tremendamente difícil, y así se lo expliqué a los cirujanos que me acompañaban aquel día. Nos enfrentamos a ese reto plenamente conscientes de los riesgos, pero apostando por la probabilidad que tenía el paciente de salvarse. La cirugía, realizada mediante técnica uniportal, fue un éxito; todo salió bien y, sin embargo, yo no estaba tranquilo. A veces sucede que uno se queda con una sensación que no le deja descansar, como si pudiera sentir que algo imperceptible va mal dentro del cuerpo del paciente. Atribuí esa inquietud al bajón de adrenalina: acababa de terminar una de las cirugías más complejas que se pueden realizar; había extirpado por completo el pulmón derecho y empalmado la tráquea al bronquio principal izquierdo. Poco después de la operación, pasé por la habitación en la que el paciente se recuperaba de la anestesia; todo parecía ir bien.

Durante los tres días que me quedé en Kiev, pasé varias veces por su habitación. El último día, antes de irme, me senté a su lado y le pregunté cómo se sentía.

—Bien —me dijo.

Parecía que iba a añadir algo, así que esperé en silencio. Su atención se dirigió hacia otro lugar.

—Mira —señaló—, el haz de luz que se cuela por la ventana refleja las motas de polvo y las convierte en algo hermoso.

Entrecerré los ojos y observé las partículas de naturaleza muerta que flotaban en la estancia.

—Sí, son hermosas —dije sonriendo.

En ese momento, su mujer entró en la habitación. Había traído pastel de Kiev hecho por ella misma.

—¡Qué bien encontrarte aquí, Diego! —exclamó mientras me apretaba el brazo con cariño—. Así no tengo que buscarte por todo el hospital con el pastel en las manos.

Me explicó cómo montaba el merengue y freía las avellanas. Me contó que, mientras cocinaba, solía cantar las mismas canciones porque así era como su madre le había enseñado a medir el tiempo.

—A veces, mi marido cuenta los años que llevamos juntos —me dijo—. Yo prefiero contabilizar nuestro amor en canciones, igual que el tiempo de horneado o el tiempo de espera en el andén de trenes.

Me senté con ellos y probé un poco de su tarta. Fue una tarde preciosa y, aun así, cuando me despedí de mi paciente sentí una inquietud que no podía comprender; los análisis estaban perfectos y parecía recuperarse sin problemas.

Poco después de mi partida, las enfermeras me llamaron para informarme de que el paciente tenía fiebre y que había desarrollado un empiema: la cavidad derecha, donde antes estaba el pulmón, se había infectado. Se trata de una complicación muy grave, ya que volver a abrir al paciente conlleva un alto riesgo de que las cosas empeoren y pueda fallecer.

Su mujer me llamó para decirme que, desde que me había ido de Kiev, no había salido el sol, que sus canciones servían para medir el tiempo, pero no para bajar la fiebre de su marido, y que tenía miedo.

—Dime que se va a poner bien —me pidió.

—Estamos haciendo todo lo posible —le prometí, aunque sabía que la situación no pintaba bien.

Los cirujanos me mantuvieron al tanto de su drenaje y de los antibióticos que le iban administrando. En algún momento parecía que la situación estaba bajo control y, sin embargo, once días después de la cirugía, el paciente comenzó a empeorar. La infección había debilitado las suturas y en menos de veinticuatro horas falleció.

Fue una de esas muertes que, aunque probables, golpean con fuerza. Dicen que los médicos estamos acostumbrados a la muerte, pero no es cierto; la entendemos como algo natural, pero nos duele igual. Recuerdo mirar por la ventana, ver un haz de luz iluminando las motas de polvo y sentir ganas de llorar.

—No sufrió —me contó la esposa—. Murió en una canción y media y, al final, sonreía.

Lloré al colgar, pero eso nadie lo supo. Las redes sociales muestran solo la parte brillante de la vida, no los miedos y, desde luego, no las pérdidas. Estoy hecho tanto de éxitos como de duelos, pero estos me hacen más fuerte y me inspiran a querer ser mejor, mejor persona, mejor cirujano, mejor amigo.

La guerra comenzó al mes y medio de la masterclass en Kiev. Los cirujanos locales empezaron a llamarme pidiéndome ayuda para huir. Todo el mundo quería escapar. Los compañeros que seguían al pie del cañón, nunca mejor dicho, me pedían consejo para tratar lesiones por bombas y balas. A veces me llamaban desde los mismos quirófanos desde donde se podían escuchar las sirenas avisando de nuevos ataques.

Recordaba Kiev y me imaginaba el resto de las ciudades ucranianas, tan pobladas de vida, convertidas en escenarios bélicos. La guerra en un medio urbano es una cosa brutal: imaginad las reuniones de jóvenes medio borrachos y medio enamorados cediendo al dominio de los carros de combate. Esas ciudades de cielos azulísimos sirviendo de escenario de exilios, de alienación, de funerales. El ritmo de la música techno dejaba paso al «pum, pum, bum» predominante en los telediarios. Y yo ahí a lo lejos viendo imágenes de cuerpos cayendo desplomados.

Cogí el móvil y escribí al doctor Volodymyr. «Quiero ir a ayudarte», le dije.

Al final, debido a que mi presencia podría suponer más un peligro que una ayuda no pudo ser. Pero yo seguí y sigo en permanente contacto con mis colegas ucranianos ayudando en la distancia en los casos más complicados de la guerra. Cogiendo el móvil en medio de la noche y guiando los pasos para sacar balas del pecho, preguntándome a veces cuál es el límite de la guerra. Cuánto daño podemos tolerar como seres humanos.

10

Chernóbil

Diciembre de 2022

El 26 de abril de 1986 el mundo entero se resquebrajó: el accidente nuclear de Chernóbil contaminó unos 150.000 kilómetros cuadrados y supuso no solo un desastre para miles de personas que se vieron afectadas, sino que fue también uno de los grandes cracs que aceleró el fin de la Unión Soviética.

Recuerdo el frío, a pesar de haber estado en lugares con temperaturas mucho más bajas que las que teníamos en ese momento. No era tanto una sensación física, se trataba de un frío absoluto. «Algo así tiene que ser el infierno», pensé; no un lugar arrasado por las llamas, sino un páramo desolado por la muerte y el silencio, plagado de recuerdos de vida.

Busqué en las notas de mi móvil aquel poema de Natalia Litvinova, la poeta bielorrusa que había descubierto en Lviv en 2019 y gracias a la cual empecé a comprender lo que significó la tragedia de Chernóbil: «No nos dejan exponernos al sol, / empalidecemos como flores que crecen bajo la nieve».

No recuerdo cuánto tiempo me llevó gestionar los permisos para visitar aquel lugar; sé que fueron bastantes meses. La preparación no era sencilla: debíamos ir enfundados en trajes de protección militar, que luego tendríamos que desechar por estar contaminados con radiación.

Con esos versos y con el plan de medir la radiación en todo momento, comenzamos la visita a aquella ciudad-cementerio. Si la radiación lo permitía, llegaríamos al reactor principal al final de la jornada. Mis recuerdos de ese día se suceden como instantáneas. Recuerdo a la guía mostrando pruebas de que alguna vez hubo vida en ese lugar: «Así eran los coches, así las casas, así hacían el pan y así se dormía». Yo qué sé, toda esa cotidianidad literalmente se había ido al carajo en cuestión de segundos. ¿Y después qué? La nada. La nada más absoluta.

Nos repartieron una bebida energética: «Fuel your active Zone. Chornobyl Tour», rezaban las letras sobre un fondo negro y amarillo. El tour prometía una experiencia inmersiva en un mundo posapocalíptico, y en ocasiones, durante la visita, pensé que había algo de sádico en hacer del desastre un negocio. Pero también entendía que no había nada de malo en ofrecer la oportunidad de entender desde dentro lo que había sucedido. Al fin y al cabo, los seres humanos somos un saco sin fondo de curiosidad insaciable; quiero decir, ¿para qué vivir si no es para entender lo máximo posible? La bebida no estaba especialmente rica, pero ayudó a mantener el cuerpo a tono.

Hay silencio, hay vacío. Pero también hay belleza. Es increíble que un lugar arrasado por la tragedia pueda ser tan hermoso. Los aparatos que miden la radiación no dejaban de pitar, pero ahí estábamos, atravesando praderas y bosques, respirando un aire que olía a naturaleza pura.

Había zonas que parecían sacadas de esos fondos de pantalla del Windows XP, en los que todos hemos fijado la mirada mientras esperábamos a que el ordenador se pusiera en marcha. Esos prados verdes digitales en los que nos abstraíamos por unos segundos, ¿los recordáis? Bien podrían haber sido paisajes de Chernóbil. La belleza es peligrosa; puede estar cargada de radiación o veneno.

Cargado de disonancia cognitiva me encontré frente a un hospital con su tejado cubierto de musgo. Las ventanas, ya sin cristales, dejaban ver la oscuridad del interior. Traté de imaginar a los médicos y pacientes años atrás. Cuando el fin del mundo cabía en un dolor de anginas, en un dolor de espalda, en la fractura de una muñeca durante un partido de baloncesto. En fin, esas pequeñas tragedias que invaden nuestras rutinas y que, por unos minutos, parecen ocupar toda nuestra vida. Pero no. ¿Quién podría haber imaginado entonces que el fin del mundo estaba a tan solo unos metros de distancia?

Caminamos luego hasta una gigantesca antena que parecía un muro. Una de esas absurdeces históricas construidas por los soviéticos durante la Guerra Fría para detectar misiles de Estados Unidos. Se gastaron seiscientos millones de dólares en aquel sinsentido, que sirvió de bien poco. Seiscientos millones que bien pudieron haberse invertido en ciencia, sanidad o educación.

Un poco más adelante nos encontramos con un edificio que resultó ser una supercomputadora en sí misma. Tenía capacidad para 10 MB, lo que hoy pesa una buena foto. Aquel viaje ponía el desarrollo tecnológico en perspectiva. Siempre pensaba en la ciencia; el ser humano cree constantemente que estamos en la cumbre del desarrollo, desconociendo que en realidad sabemos prácticamente nada. Son esa clase de pensamientos los que me inspiran a menudo a ir más allá, a no conformarme.

Finalmente llegamos al reactor número 4, el que explotó. Estaba cubierto por un sarcófago que intentaba ser artístico, pero la decoración lo volvía aún más escalofriante. Pudimos acercarnos a unos ochenta metros. No dijimos nada. Tampoco puedo decir nada ahora; a veces hay que respetar que el silencio sea silencio y no conlleve más que un vacío inmenso.

Arrastrando ese silencio, el cansancio de todo el día y caminando entre escenarios tristísimos, llegamos a otro hospital; allí atendieron a los primeros trabajadores contaminados con dosis exageradas de radiación tras la explosión. Había un cartel advirtiendo sobre el peligro que suponía entrar allí, explicando que si el guía te permitía entrar, estaría poniendo tu vida en riesgo. Fuera cierto o no, el miedo es un arma poderosísima; nadie se aventuraba a dar un paso hacia el interior.

Los hospitales fueron tremendamente impactantes. También el reactor, las casas y los coches abandonados. Sin embargo, lo que más me afectó fue el vacío que sentí al ver el parque de atracciones en desuso. Cerré los ojos e imaginé al último chico que había utilizado el coche de choque, a unos pocos metros de donde yo estaba. Me lo imaginé dejándolo en esa posición mientras fanfarroneaba con sus amigos, con los que había chocado en broma durante cinco o diez minutos. Aquel coche se quedaría en esa posición para siempre, y aquel chico, entonces, no podía siquiera imaginarlo.

Eso era: Chernóbil se trataba de un hervidero de últimos momentos, de últimos gestos cotidianos. Un final abrupto en el que las cosas se caen y no hay tiempo para recogerlas.

Y en ese bodegón de instantes muertos, la naturaleza se desparramaba sin control, invadiéndolo todo, tomando posesión de la tierra que una vez arrasó el ser humano. Una justicia cruel, sí, pero la naturaleza no se rige por sentimentalismos.

Al salir, tuvimos que pasar por un control para medir la radiación. Dejamos los trajes y regresamos al mundo real, a los coches en las carreteras, las gasolineras y las cafeterías abiertas.

Miré dos veces atrás antes de dejar Kiev, como si mi subconsciente me advirtiera de que debía prestar atención. Pensé que la visita a Chernóbil me había sensibilizado sobre lo impredecible, sobre lo efímero de la realidad; cualquier cosa podía desvanecerse en cualquier momento.

Poco después caí en la cuenta de que fui a Lviv justo antes de la pandemia del COVID. También fui a Kiev antes de la invasión rusa. Me llevé de Ucrania la experiencia de estar al borde del abismo, en ese momento en el que la paz se revuelve como las moscas en otoño, advirtiendo el desastre, disfrutando de los últimos momentos de normalidad.

A veces cierro los ojos y aún puedo escuchar la voz increíble de esa mujer cantando «Nessun dorma»: que nadie duerma. Que nadie duerma, que el mundo se nos va de las manos.

11

Peshawar, Pakistán

Febrero de 2019

Dije: «Ven aquí», y añadí:
«Hay menos masacres entre los nuestros,
compartimos banquetes ofrecidos
por el diablo, y aun así
regresamos a casa para venerar a nuestros dioses
del hogar».

KYLA PASHA

Uno puede intuir el valor de una historia por su principio. Supe, desde el primer momento, que mi viaje a Pakistán no tendría nada de convencional. Estaba acostumbrado a una aproximación científica a los casos que trataba en cada país. Normalmente, días antes de viajar sabía de memoria los datos de mis pacientes y había repasado una y otra vez las pruebas diagnósticas que los médicos locales habían compartido conmigo.

El caso de Hind, una de las pacientes que iba a operar en el país sudasiático, me llegó en forma de cuento, una historia que me ayudó a comenzar a comprender el lugar al que iba, y así lo recuerdo.

Lo primero que supe de ella es que había celebrado su décimo octavo cumpleaños tendida en la cama de un hospital. Supe que el cansancio le impedía incluso lamentar su suerte. «¿Te imaginas, Diego? —me preguntaba el médico encargado de compartir su caso—. No tener ni siquiera la energía de quejarse es una cosa tremenda. Su madre dice que ha asumido su inutilidad». El médico había escrito en el informe que el cansancio, el dolor y la culpa eran los tres pilares de la malograda vida de la joven paciente.

Hind vivía en una aldea cercana al Khyber Pass, un paso de montaña estratégico que se encuentra en la frontera entre Pakistán y Afganistán. Con una longitud de aproximadamente cincuenta y tres kilómetros, conecta la ciudad pakistaní de Peshawar con la región afgana de Nangarhar. Había hecho una captura de pantalla de la página de la Wikipedia para no perder la referencia de aquel destino inusual y plagado de momentos históricos que no dejaban a uno indiferente. Se trataba de cincuenta y tres kilómetros de camino regado con la sangre de miles de hombres a lo largo de los siglos: Gengis Khan y sus descendientes hicieron suya esa tierra como punto estratégico durante sus incursiones en el subcontinente indio. También fue un punto vital para las campañas de la Compañía Británica de las Indias Orientales y, más recientemente, como campo de batalla durante los enfrentamientos entre talibanes y el Estado Islámico.

Supe que los padres de Hind eran primos; este tipo de matrimonios siguen siendo comunes en Pakistán a pesar de la evidencia científica de los peligros genéticos sobre la descendencia. Fue un enlace concertado, y sin embargo siempre se quisieron, o eso apuntó el médico que recogió la historia. Más tarde, Hind me contó el momento en el que su padre decidió casarse con la madre: ambos tenían quince años cuando, en uno de los paseos familiares, el chico llamó la atención de su prima y le señaló un punto en un precipicio donde se adivinaba la entrada de un túnel.

—Por ahí se arrojaban a los prisioneros en los tiempos antiguos —comenzó a contar—. ¿Sabes? A lo largo de las paredes había espadas afiladas, así que a medida que caían, los cuerpos eran despedazados, llegando al final del precipicio hechos trocitos.

Al parecer, la madre de Hind sonrió distraída y señaló una bolsa llena de *kheema*, carne picada, que había preparado para hacer un pícnic.

—Ya lo sé, ¿cómo crees que hice esto? —contestó. Y siguió caminando impasible.

Hind me dijo que tenía que ir a ver aquel túnel con espadas, ya que formaba parte de la narración de aquella tierra, era producto del contexto sangriento que se extendía por milenios, y era vital para entender el lugar, para comprender las reglas que regían la vida en Peshawar. Cuando pregunté por aquella historia nadie pudo verificar los hechos, pero al final, las leyendas son también parte de la realidad de un lugar. Son pequeñas verdades hechas y mantenidas por la tensión de las múltiples versiones de las personas que las repiten.

Los médicos me hablaron de la madre de Hind, que había mantenido un espíritu impasible durante toda su vida. También cuando nació su hija, que boqueaba como un pececillo fuera de su elemento y que creció entre las garras de la muerte. Al principio no la llevó al médico; los ancianos de la familia dijeron que alguien le había echado un mal de ojo. La historia clínica de la chica era una recopilación de mejunjes de cuestionable procedencia que prometían quitarle los males de encima y curanderos que leían el Corán sobre vasos de agua que luego tenía que beber. Uno de los médicos recogió que había familiares que aseguraban que la niña era producto de un pecado, y que era mejor dejarla morir. En fin, Hind había crecido observando la preocupación en la cara de sus padres y esforzándose por ser normal sin éxito.

Su madre me contó que un día, en plena preadolescencia, durante una crisis de cansancio en la que ni siquiera podía comer por sí misma, le pidió perdón por existir. Fue entonces cuando la madre se volvió en contra de las habladurías locales que tachaban la medicina occidental como una innovación diabólica, y llevó a Hind a escondidas al hospital local. Fue ahí donde le pusieron un nombre complicado al mal de ojo: la chica sufría de miastenia gravis, una enfermedad neuromuscular crónica que causa debilidad en los músculos voluntarios.

Su cansancio no era un castigo de Dios.

Tampoco un mal de ojo.

No era mala suerte.

Su cansancio era una enfermedad y ese descubrimiento fue un alivio para Hind y su madre. El resto de la familia les dio la espalda, las acusaron de incrédulas por no creer solamente en el poder de sanación de la oración, por ir en contra de la voluntad de Alá.

—Alá es quien les da el poder a estos doctores para saber cómo sanar —trató de explicar la madre de Hind—. No hay incompatibilidad alguna entre la fe y los hospitales.

Aquella aldea se había quedado enquistada en el desgarro

del colonialismo; todo lo que tuviera una base occidental se satanizaba sin más miramientos.

El alivio de haber dado con la causa del mal de Hind duró poco: necesitaba una operación que no podía hacerse fácilmente en el hospital local, y la familia no contaba con los medios para viajar a Islamabad o a Lahore.

—¿De qué sirve poder nombrar el dolor si la solución no está a mi alcance? —se preguntaba la chica.

Un día recibió la visita de su doctor; llegó en su vieja motocicleta, embarrado hasta las cejas, pero con el entusiasmo visible en cada arruga de su cara. Les dio la noticia de que pronto yo viajaría a Peshawar, y les aseguró que podría curarla.

—Toda la familia, por una vez, estuvo de acuerdo en que tu llegada era quizá una bendición de Alá —me dijo el médico local.

Y así, con la excitación de aquella historia y las ganas de curar, emprendí mi viaje a Pakistán.

Lo primero que vi a mi llegada a Peshawar fueron cientos de rifles rodeando a mi anfitrión; el doctor Amir Bilal, el reconocido cirujano torácico en Pakistán que me había convencido de ir a operar al lugar más peligroso de la tierra.

—No te preocupes, amigo —me calmó—. Te he puesto una escolta de más de cien hombres y he colocado puestos de guardia a cada kilómetro de nuestro camino.

Sentí una mezcla de seguridad e intimidación al mismo tiempo. A veces me preguntaba cómo lograba acabar en circunstancias tan extremas. Eran muchas las ocasiones en las que sentía algo parecido al miedo. Sin embargo, mi fe hacia mis compañeros, hacia la gente de la que lograba rodearme, era más fuerte que los pensamientos intrusivos y catastróficos.

El general del ejército de Pakistán fue el encargado de recibirme y acompañarme hasta el Khyber Pass. Me enseñó el museo militar, en el que se exhibían trofeos de la guerra entre los talibanes y el Estado Islámico. Podía sentir el ambiente cargado de una violencia ancestral resonando en los muros de aquel edificio, en cada camino, de cada lugar que visitábamos. La población parecía acostumbrada a lo extremo: se veían familias enteras viajando en una sola moto, niños de apenas siete años conduciendo a toda velocidad, jovencitos blandiendo machetes, y la militarización omnipresente. Con razón se dice que en Pakistán, por encima de Dios, está el ejército.

Las mujeres iban cubiertas con el típico burka afgano. El Khyber Pass era una mezcla de ambos países; el denominador común era la hospitalidad hacia los huéspedes. Todo el mundo me miraba con una curiosidad acogedora. Los niños me saludaban, los hombres trataban de ofrecerme té o café con la esperanza de que el forastero pudiera sentarse unos momentos a charlar. Sin embargo, el despliegue de las fuerzas de seguridad impedía toda improvisación. Cada minuto de mi agenda en el país estaba cuidadosamente medido. Cada uno de mis movimientos sucedía bajo la mirada atenta de unos cuantos agentes cuyo trabajo era no perderme ni un momento de vista.

El camino hacia el hospital fue fascinante, no podía apartar la mirada de todos los detalles que nos rodeaban, hasta llegar a aquel edificio que contaba con más de cien años de antigüedad. La arquitectura, los colores y la frialdad de sus muros contrastaban con la calidez húmeda del ambiente y el olor a materiales cargados de historia. Se trataba de un lugar fascinante, que bien podría haber sido un palacio o un museo. Su aspecto dramático armonizaba con el tipo de casos que recibía.

Mi amigo, el doctor Amir Bilal, contaba que, como mínimo, solían realizar cuatro o cinco operaciones en heridos de bala al día.

—Esos son los pacientes con impacto en el tórax —aclaró—. Hay muchos más casos, contando los que han sido heridos en otras partes del cuerpo, o los que llegan muertos.

La escolta nos acompañaba por los pasillos del hospital.

—¿Vamos a encontrarnos con los talibanes en consulta o qué? —bromeé.

Uno de los médicos me miró sorprendido. Los talibanes se asociaban a Afganistán; sin embargo, muchos de los líderes se habían educado en Pakistán. Las áreas tribales y montañosas del noroeste del país resultaban difíciles de controlar y eran un lugar estratégicamente perfecto para los entrenamientos y el adoctrinamiento de estos grupos.

—Muchos de nuestros pacientes son talibanes o pertenecen a grupos de esa milicia —me explicaron.

Yo llevaba por bandera el juramento hipocrático. Defendía que como médico debía curar sin cuestionar la identidad de mis pacientes. A veces me preguntaba, más por curiosidad que por miedo, a cuántos terroristas o asesinos había tratado.

—Trabajamos para quitar el dolor, no los pecados —bromeó el doctor Shoaib Nabi, uno de los médicos allí presentes—. Eso se lo dejamos al dios que sea.

Dos niños pasaron corriendo, jugando a dispararse con metralletas de plástico. La guerra era una parte intrínseca de la experiencia humana; en muchos países no se hacía el esfuerzo de esconderla o moralizarla, al igual que no se escondía la muerte. Occidente tenía una obsesión por lo estéril, por lo aséptico. Los muertos se ocultaban, se cubrían, se maquillaban. En muchos de los países en los que trabajaba, la muerte era una parte más de la vida; se miraba a los muertos directamente, se les tocaba sin miedo. Recordaba encontrarme casos en África donde pacientes vivos compartían cama con un cadáver que aún no habían retirado. Los hospitales eran, sin duda alguna, reflejos del vivir, el sentir y las creencias del país entero.

Era hora de visitar a Hind, que iba a ser operada al día siguiente. Centré mi mente en los detalles de su historia antes de entrar a saludarla.

Su habitación se encontraba en penumbra. Nada más entrar, la vi derrotada sobre la cama del hospital; toda ella era un síntoma, no había parte de su cuerpo que no pareciera vencido por la enfermedad. Aun así, la chica hacía el esfuerzo de abrir los ojos y esbozar una sonrisa a medias.

—¿Qué significa tu nombre? —le pregunté—. ¿Está relacionado con la India?

—Significa «cien camellos, o grupo de camellos» —me explicó la chica con un hilillo de voz. Hizo un esfuerzo por sonreír; los músculos de su cara le temblaban como si fuera a llorar. Apenas tenía fuerzas para seguir manteniendo los párpados abiertos.

—Es un nombre que tiene que ver con el poder —intervino uno de los enfermeros.

—Vamos a devolverte ese poder —le prometí—. Voy a operarte; todo va a ir bien. Vas a poder volver a hacer todo con normalidad. ¿Qué se te da bien?

—Al parecer se me da bien ir muriendo —bromeó Hind—. Eso es lo que hago desde que nací. Morir.

—No vas a morir ya más.

La entrada a quirófano fue impactante: había más presencia militar que personal médico. Comencé explicando la técnica que iba a utilizar para acceder al mediastino, la cavidad central del tórax que contiene el corazón, los grandes vasos y otras estructuras vitales. Se trataba de una incisión subxifoidea, en la parte inferior del esternón; y desde ahí tenía que extirpar el timo, una glándula esencial para la creación de anticuerpos que, debido a la enfermedad, en lugar de protegerla habían comenzado a atacar sus propias células. Su cuerpo le fallaba y la única solución era, paradójicamente, remover una parte de ella misma. Extirpar el timo podría darle una oportunidad de recuperar el control, de escapar de la guerra que su propio sistema libraba en silencio.

—Se trata de una técnica mínimamente invasiva —aseguré mientras hundía el bisturí en la carne de la paciente—. Y realmente complicada en este caso —añadí.

El hospital rebosaba belleza, pero carecía de medios. No tenían un retractor, un instrumento esencial para mantener expuesta la zona a operar. Tenía dos opciones: parar la cirugía o encontrar algo que pudiera servir para traccionar. Recorrí el quirófano con la mirada hasta dar con un separador.

—Quizá si lo atamos con unas cuerdas a una barra lateral pueda servirnos.

Así lo hicimos; se trataba de un apaño casero, pero permitió que la cirugía siguiera adelante.

—Es la primera vez que hacemos algo así —murmuró Amir Bilal.

—Soy un experto en primeras veces quirúrgicas —bromeé.

Mientras manipulaba los instrumentos, vigilaba que la tensión de la paciente se mantuviera estable. Me sorprendía la fortaleza de su corazón; estaba seguro de que a partir de aquel día la vida de la chica cambiaría.

No me imaginaba el impacto real, de todas formas. No sospechaba que curar a Hind tendría un efecto tan grande en la sociedad a la que pertenecía. Que pondría fin, de algún modo, a casi dos décadas de «mal de ojo», con todo lo que aquello conllevaba: la familia había sufrido las consecuencias del aislamiento, de las habladurías, de la pérdida de trabajos del padre.

—Nadie quiere estar al lado de aquellos que sufren de mala suerte —se justificaban quienes les daban de lado.

Llegué a Peshawar no solo para sanar, sino para cambiar la suerte.

Cuando terminé la operación, escuché dos disparos a lo lejos.

—Suenan como fuegos artificiales, ¿no? —le pregunté a mi compañero.

—Eres un optimista, doctor —bromeó alguien en quirófano.

Pum. Pum. Pum. El corazón de Hind latía con fuerza, anunciando una nueva vida en aquella tierra de excesos.

Ni siquiera la experiencia turística era normal en aquel rincón del mundo. A esas alturas, ya me había hecho buen amigo de algunos de mis escoltas, quienes compartían conmigo historias truculentas y me mostraban orgullosos sus heridas de bala.

—He estado a punto de morir veinte veces, doctor —me confesó uno de ellos—. Ya no sé si la supervivencia es una suerte o una maldición.

El general me llevó a probarme el típico *shalwar kameez*, el traje regional.

—Toma —me dijo mientras me dejaba sostener su arma—. Ahora sí que pareces de aquí.

Me sorprendí por el peso de aquel AK-56. Me sentí incómodo cargando un instrumento que servía para quitar vidas; mi misión era precisamente la opuesta.

—Vamos a llevarte a visitar a nuestro prisionero más viejo —me anunciaron. Antes me sirvieron un té rosa, típico de la región de Cachemira y popular en Peshawar. Una mujer me explicó en un inglés perfecto que el té se hervía con bicarbonato de sodio, lo que le daba su distintivo color rosado. Me lo bebí encomendándome a la suerte que solía acompañarme; no me hacía gracia la idea de enfermar en Peshawar.

Cinco minutos más tarde me condujeron frente a un árbol encadenado y me revelaron que se trataba del famoso prisionero. Estallé en carcajadas. Aquel país no podía dejar de sorprenderme.

Mi anfitrión, el doctor Bilal, me explicó que fue en 1898 cuando un oficial inglés llamado James Squid, conocido por estar frecuentemente borracho, ordenó la detención de aquel nogal. Al parecer, una noche sintió que alguien lo estaba observando cuando caminaba por el pueblo. Al darse la vuelta, vio que un nogal se balanceaba con el viento. El alcohol le había impregnado el cerebro de tal manera que interpretó el vaivén de las ramas como una amenaza. Para imponer su autoridad, y probablemente como una reacción a las risas de los lugareños, emitió una orden de arresto para el árbol, exigiendo que fuera encadenado para evitar que «escapara». Desde entonces, el árbol ha permanecido encadenado y se ha convertido en una atracción turística. En una de sus ramas cuelga un cartel que dice «I am under arrest» (Estoy bajo arresto).

Disfruté de aquella última tarde en Peshawar riendo con mis compañeros y escoltas. Sin embargo, sabía que en el fondo el relato no tenía nada de gracioso. Era uno de esos testimonios que ponían en evidencia la normalización de la ocupación y el abuso del poder, y que los ciudadanos habían mantenido para no olvidar el sinsentido al que su pueblo había estado sometido.

Antes de partir, fui a comprobar que Hind, mi paciente, se recuperaba sin problemas de la operación. La encontré recostada y tranquila. Después de asegurarme de que no tenía dolor, de que no había signos de infección y de que todo parecía haber salido tal y como esperaba, la chica quiso darme las gracias.

—¿Sabe, doctor? —comenzó a decir con timidez—, siempre pensé que me quedaría atrapada en la memoria de mis padres como una chica triste e inútil, siempre enferma. Siempre quise que me imaginaran sonriendo, pero las fuerzas no me alcanzaban. Me has salvado la vida, y has llenado de alegría la de mis padres.

No había mayor satisfacción para mí que saber que había contribuido a mejorar la vida de alguien en un lugar remoto cuya existencia jamás pude haber imaginado cuando era niño.

No hay nada imposible, no.

La escolta me despidió disparando al aire. Bum. Bum. Bum. Como si fuera el corazón de aquella tierra.

12

Libia

Julio de 2022

¿Qué harás, querido Dios, sin nosotros?
¿Cómo te irá, solo de nuevo en la inmensidad
vacía, en la oscuridad de tu creación, sin que
nosotros te otorguemos tu nombre?

KHALED MATTAWA

Libia huele a hogar. El olfato es el sentido más primitivo;
conecta directamente con el sistema límbico, responsable de
las emociones, la memoria y las respuestas instintivas. El
olor a pan en las calles borraba de un plumazo el sesgo profundo que arrastraba por defecto: mi idea del país implicaba
la cara más dura del Mediterráneo, el abandono masivo de
todos aquellos que huían de guerras, el hambre, la pobreza.
Las calles estrechas y laberínticas explotadas hasta la sacie-
dad por estéticas orientalistas. También las milicias, las mafias de inmigración ilegal, el Estado Islámico, la intriga y la
revolución.

Llegué, como de costumbre, con el aliento pendiendo de un hilo. La burocracia para gestionar el visado no había sido sencilla; de hecho, mi compañero de andanzas africanas, Souheil, no consiguió que le dieran el visado y, en el último momento, tuve que emprender el viaje sin él.

El descentramiento es necesario para entender la vida, quiero decir: la importancia de lo que hago no es lo único importante. No concebiría mi trabajo sin aquellos que me rodean; los que forman parte de mi vida y las personas que pasan por ella de manera fugaz. Cuando me piden que hable de Libia siempre lo hago recordando las historias que tuve el honor de escuchar, hilando momentos, teniendo en cuenta la visión de aquellos que me acompañaron en aquel viaje.

A veces siento que tratar de explicar el mundo simplemente a través de mis ojos es una forma de reducirlo. En muchas ocasiones reviso las historias que comparto en Instagram y las imágenes nunca son como mi memoria las recuerda.

Libia.

Para hablar del país tengo que hablar de la persona que me llevó a él: Husam.

Husam era un tipo excelente, de esos que trabajan en silencio, sin importarle más que el trabajo bien hecho. Se había encargado de que todo saliera bien, a todos los niveles. Su compromiso con la cirugía y con su propio país se sentía en cada paso que daba y se reflejaba en el modo en el que vivía su vida. Se había especializado en Alemania y, en cuanto terminó, regresó a Libia. Siempre me pareció admirable su generosidad; era un hombre que había invertido en conocimiento para volver a su tierra cargado de posibilidades. Si Husam estaba nervioso o sentía la presión de hacer las cosas bien, no lo mostró.

En todo momento que permanecí a su lado pude sentir la seguridad de estar junto a una persona buena, tanto en el quirófano como fuera de él. Pensé que sus pacientes eran afortunados y me sentí honrado de haber sido invitado por él.

Los casos que había preparado no eran complicados, lo que facilitó que las conversaciones en quirófano fueran fluidas y distendidas. Los cirujanos presentes compartían conmigo historias del país y de la cultura que iban derribando poco a poco mis ideas preconcebidas

Podía sentir cómo uno de los médicos allí presentes seguía con atención todos los pasos de la cirugía; no apartó la mirada de mis manos desde el momento en que cogí el bisturí para cortar.

—¿Eres cirujano torácico? —le pregunté.

Me contestó con timidez que su idea era comenzar la especialidad, pero que la vida le había retrasado brevemente.

—Estuvo en prisión —me explicó uno de los médicos.

—No —interrumpió otro de ellos—. Estuvo secuestrado.

—¿Cómo te llamas? —quise saber.

—Omar —contestó un poco azorado al tener la atención de todo el quirófano sobre él.

Me miró unos instantes y sonrió.

—¿Quieres escuchar mi historia? —preguntó como si me ofreciera un trocito de pan o un vaso de agua fresca, que yo acepté de buen grado, sabiendo el valor de aquellos momentos.

La radio, que había estado encendida durante toda la operación, se había vuelto molesta y alguien la apagó. Omar comenzó con una de las historias más impactantes que había escuchado en primera persona en toda mi vida. Le capturaron cuando paró su coche en una gasolinera; unos tipos le hicieron abrir el vehículo y sacar el portátil que llevaba en el asiento trasero. Al registrarlo, encontraron una bandera de Libia y evidencia de que estaba en contra de Gadafi y su régimen, así que se lo llevaron.

—Me quedé durante los primeros tres días en un contenedor —nos contó—. Apenas podía percibir la luz por las rendijas, y la humedad era tal que pensaba que me acabaría matando. Olía a oscuridad; como huelen los cajones de ropa que llevan tiempo sin abrirse. Sí, sí, la oscuridad tiene un olor que es solo tolerable en presencia de la luz. Cuando ese olor es continuo y no se tiene escapatoria, cala hasta el alma y entonces te entran ganas de morirte.

El quirófano estaba en silencio; solo se escuchaban las constantes vitales del paciente y los zumbidos y pitidos de las máquinas que nos rodeaban. Los médicos parecían contener la respiración esperando a que Omar continuara. Luego supe que el silencio no era debido a la expectación —muchos de ellos coleccionaban historias parecidas entre conocidos y familiares—, era un silencio causado por la absoluta comprensión de cada minuto experimentado por Omar, que prosiguió con su historia después de unos segundos necesarios para conectar con la realidad.

—Calculé que estuve unos tres días en aquel contenedor —continuó—. Después me trasladaron a la cárcel de Abu Salim, una prisión de máxima seguridad donde se han cometido incontables crímenes. Cuando escuché que me llevaban allí, me supe muerto. No sabía que mi familia desconocía mi paradero. Al parecer, mi madre me lloraba como si me hubieran asesinado y tuvieron que huir, por miedo a que los detuvieran también. Al principio, estaba en una celda pequeña con siete personas. La rutina diaria consistía en torturas y golpes; estábamos convencidos de que nos iban a matar, solo deseaba que ocurriera pronto. Cada vez que los verdugos aparecían me despedía de la vida, agradeciéndole a Alá por todo lo bueno que había experimentado y pidiéndole perdón por mis faltas. Un día nos trasladaron a una dependencia más grande, con otros prisioneros; nos dijeron que Gadafi nos colgaría a todos el 1 de septiembre. Por aquel entonces yo era estudiante de Medicina y conversaba mucho con un ginecólogo con el que compartía celda. Hablábamos de la muerte y del dolor, del umbral de esperanza y de las maneras rápidas de morir sin sufrir demasiado. Aquel médico era diabético y un día tuvo un ataque de hipoglucemia. Se estaba muriendo ante nuestros ojos. Uno de los presos tenía, desde hacía meses, una tarrina de miel y otra de mermelada de naranja amarga, que sacó de su escondite para dárselas a nuestro amigo. Este lamió la tapa primero. Todos aceptábamos la muerte como destino, pero no una muerte por hipoglucemia, eso no. Recuerdo que fuimos felices aquel día, en aquella celda que olía a muerte y a desechos, porque habíamos conseguido salvar una vida. La felicidad es tan fácil en ocasiones, ¿verdad?

Miré a Omar, que contaba aquella historia con la facilidad del superviviente. Me pregunté cuántas veces había lamido la tapa de una tarrina de mermelada o de un yogur. Reparé en que jamás se me habría ocurrido pensar en ello como un acto de supervivencia.

—¿Cómo conseguiste salir de la cárcel? —quise saber.

Estábamos terminando la operación, un caso sencillo en comparación con la historia que escuchábamos. Todo en el quirófano estaba controlado; la vida permanecía suspendida en una perfección que sabíamos frágil, y por eso éramos tan conscientes de ella. Pude dedicar unos segundos a apremiar a Omar con la mirada para que prosiguiera con el relato. Sonrió, apreciando la atención que le brindábamos, miró a Husam, su superior, como buscando su conformidad, y este le devolvió la mirada con calidez.

—Cuando los rebeldes llegaron a Trípoli, los trabajadores de la prisión huyeron —continuó—. Estuvimos tres días sin comida, en los que todos nuestros esfuerzos se centraron en romper las puertas. Creo que el crac final que hizo una de las grietas al abrirse lo suficiente para dejar pasar un haz de luz fue el sonido más importante que he escuchado en la vida. En el momento en el que la puerta se abrió, no perdimos ni un segundo, salimos corriendo sin saber hacia dónde. Yo solo quería correr hasta encontrar un teléfono para llamar a mi familia. Corrí, y corrí, y corrí. Mis piernas estaban doloridas y débiles después de haber pasado aquellos meses prácticamente inmóvil. Encontré una gasolinera con un teléfono. No tenía dinero, pero le expliqué al encargado de dónde venía. Me ofreció un vaso de agua y me dejó a solas para que pudiera llamar a mi madre. Cuando cogió el teléfono y le dije: «Mamá, soy libre», escuché que se derrumbaba y rompía a llorar. Yo lloré también. Me contó que hacía tiempo que me había dado por muerto, nadie les informó jamás de que me habían hecho preso y a esas alturas no podrían haberse imaginado que seguía vivo.

Permanecimos todos en silencio. La operación había terminado y había sido un éxito. Estaba emocionado, la historia de Omar me había dejado sin palabras.

—Después terminé Medicina y ahora quiero ser como tú —me dijo—. Quiero ser cirujano torácico.

—Tú eres un héroe —le dije poniéndole la mano en el hombro—. Cuentas con toda mi admiración.

Omar sonrió incrédulo. Vi a su mentor, Husam, sonriendo orgulloso en la distancia. Supe que estaba rodeado de personas excelentes.

Libia estaba lejos de ser aquel mundo desmoronado que los medios nos ofrecían. Recuerdo hablar con un colega en Europa, que definió los países en los que yo operaba como «complejos». Odio la palabra complejidad; se trata de un salvoconducto que nos libra de la verdad y que se utiliza hasta la extenuación para referirse a todas aquellas situaciones que nos hacen sentir incómodos o ignorantes.

En ocasiones me preguntan mi opinión sobre la política de algunos de los lugares a los que viajo. Siempre contesto que dar mi opinión basada en una estancia de tres días no sería responsable en absoluto. Por eso no hablo de los países sino de mis experiencias en ellos, de mis sensaciones, de todo aquello que me hizo feliz o me disgustó.

De Libia iba coleccionando momentos o datos que me impactaron: la gasolina era más barata que el agua; recuerdo llenar el tanque del coche por un euro y medio. Recuerdo también estar frente al museo de Libia, donde Gadafi solía alojar a sus invitados, pensando que la capacidad que tenemos para olvidar, para reconstruir, es increíble. Recuerdo sentirme abrumado cuando Omar y Husam me llevaron a la plaza de los Mártires, donde tantas personas murieron durante el primer día de la revolución. Aquella plaza que había sido lecho de muerte para tantos durante unos días, era ahora una plaza en la que algunas mujeres hablaban mientras comían pipas, y unos chicos jugaban al fútbol utilizando dos botellas de Coca-Cola de cristal como portería. Las avispas revoloteaban en busca de azúcar. Los vencejos surcaban el cielo anunciando el atardecer. Olía a pan. Aquel día los dos principales equipos de fútbol iban a enfrentarse y los hinchas se agolpaban en las calles. Las calles, los cafés y las mezquitas conformaban tres pilares de la estructura social. Todo estaba bien.

—¿Sabes qué sostiene el país? —me preguntó uno de los hombres que me sirvió un plato de cuscús en un restaurante cercano a la plaza de los Mártires—. Las manos. Y las tuyas parecen hacer cosas buenas.

Uno de los médicos sentados a la mesa me explicó que las manos eran las que recolectaban, amasaban, cocinaban, cuidaban.

—Ese hombre no sabe a lo que te dedicas —me dijo—. Pero ha reconocido el valor de tus manos.

Al día siguiente, el paciente pudo ser dado de alta. Su familia estaba impresionada por la rapidez de la recuperación y aproveché para hablar con los médicos que me rodeaban de la importancia de la cirugía mínimamente invasiva.

—Su razón de ser es el bienestar del paciente, no el ego del cirujano —les repetía—. No olvidéis nunca que ese es nuestro objetivo: que el paciente esté bien, que no tenga dolor, que podamos reducir su sufrimiento.

En el ascensor del hospital había una frase que alguien había rayado, quizá con unas llaves o con una horquilla del pelo. Estaba en árabe, así que le pedí a uno de los estudiantes que me la tradujera.

—«No hagas de tu propio deseo un dios».

—Depende —dije—. Quizá algunos deseos tengan más de dios que el propio dios.

—¿Cómo cuál? —preguntó un estudiante de Medicina cuyos lunares en la cara tenían la misma distribución que la constelación de la osa mayor.

—Como el deseo de curar —dije—. En el momento en el que corto no sé muy bien lo que me encontraré, no sé si habrá complicaciones, no sé cuánto tiempo me llevará la operación. Lo único que sé es que no me rendiré hasta que no haya hecho lo posible por satisfacer mi deseo, que es curar, que es sanar, que es honrar la confianza del paciente que se ha puesto en mis manos.

El estudiante me miró confuso. Salí del ascensor y me fui a celebrar con un café que todo había salido de maravilla en Libia.

En la cafetería me encontré con Ibrahim, uno de los cirujanos que habían estado presentes en quirófano el día que Omar contó su historia.

Compartí con él que aún estaba sobrecogido.

—¿Sabes? —Se acercó a mí en confidencia—. Desgraciadamente es una historia común del pasado más reciente del país. Yo estuve cuatro años en prisión, siendo torturado casi a diario por compartir en Facebook mi opinión contra el régimen. Estás rodeado de amigos que han estado en la cárcel, Diego; en España van a pensar que te rodeas de malas compañías —bromeó.

No supe muy bien qué decir, me limité a expresar mi admiración por la capacidad de poder reconstruir la vida después de una experiencia así, y me despedí de él para dirigirme al aeropuerto militar, ya que el aeropuerto civil había sido bombardeado en 2014 y desde entonces estaba inactivo.

Suelo tener una suerte de epifanía antes del despegue, sobre todo cuando no he tenido tiempo de gestionar toda la información que suelo recibir. En aquel aeropuerto militar, con los motores del avión ya en marcha, pensé que hay países asolados por la brutalidad de los hombres que solo se salvan gracias a la fuerza opuesta: la compasión humana. Libia era un país que iba reconstruyéndose a base de ternura, trabajo y una reflexión profunda sobre el poder. Los médicos no solo curaban pacientes, curaban su propia tierra y qué hay más bello que eso.

13

República Democrática del Congo

Febrero de 2023

El sufrimiento es como Dios:
puede que no siempre lo veas,
puede que nunca lo veas,
pero es real y
está ahí afuera.

LAURYN NESBITT

—Se ha tragado una llave —me explicó el médico local mientras auscultaba a la paciente, una chica de catorce años con una mirada desdeñosa y visiblemente enfadada con su madre. La adolescencia a veces parece el fin del mundo, especialmente si llevas una llave incrustada en un bronquio durante más de dos años, impidiéndote respirar bien.

—Mire, doctor, yo la encontré casi muerta —me dijo la madre—. Pero un golpe de tos debió de empujar la llave hacia abajo, y de repente la niña volvió a respirar.

No había desaparecido, claro. La llave seguía ahí, provocando fibrosis alrededor del bronquio. Lo lógico en este caso habría sido que la chica muriera. Cuando fue al hospital, le dijeron que no tenían los medios para extraerla.

—Es bastante normal recibir casos de niños que se tragan una moneda —me explicó uno de los médicos—. Pero mira el tamaño de esta llave, Diego. Es casi imposible que se la haya tragado, y sin un broncoscopio ni siquiera podemos intentar sacarla.

En la habitación de aquel hospital congoleño había un póster enorme del Sagrado Corazón de Jesús, donde Cristo se abría el pecho con las manos y mostraba un corazón radiante en el centro del tórax. Sonreí; no podían haber elegido un icono más adecuado.

—¿Por qué se tragó una llave? —pregunté por curiosidad.

—Oh, no lo sabemos —contestó el médico—. Hay teorías para todos los gustos. Alguien propuso que quizá estaba haciendo uno de esos retos virales de TikTok que suelen acabar mal. Otros, más dados a dramas nigerianos, creen que probablemente se tragó la llave de un lugar que esconde un secreto. Incluso he escuchado historias de amor, donde la llave era un regalo de su novio y tuvo que esconderla de su madre, pero no supo dónde, se la metió en la boca y la tragó accidentalmente. Sería poético: el amor ahí, incrustado en un bronquio, cortándole el aliento.

—¿Le han preguntado a ella?

—Claro, pero no dice nada. Jamás dice nada. Está enfadada con la vida.

Estaba enfadada con la vida y muy enferma. Porque la llave le provocaba neumonías recurrentes que se habían vuelto mensuales. Así que, con catorce años, estaba consumida por una fiebre constante y una fatiga que no la abandonaba, ni siquiera cuando dormía.

La madre vio en la prensa que yo había llegado al país, y sin pensarlo dos veces cogió a su hija y se plantó en el hospital de Kinsasa donde yo estaba operando. No era uno de los casos que teníamos previstos, pero cuando los cirujanos locales me hablaron de ella, supe que había que operar de inmediato; la chica se hallaba al borde de la muerte por mediastinitis. La llave estaba a punto de perforar el bronquio.

No sabía qué la había llevado a esa situación, y no creía que intentara esconder la llave. Estaba claro que quería ocultar sus motivos, tal vez por miedo o vergüenza. Llegué a imaginar que quizá intentó imitar un truco de magia, como los tragasables, para impresionar a algún chico o ganar la admiración de sus compañeros. Sea lo que fuere, aquello podría haber acabado con su vida si no la hubiera encontrado aquel día. Hay casos que cambian la vida. Los pacientes suelen pensar que somos nosotros quienes dejamos huella en ellos, pero no se imaginan la huella que ellos dejan en nosotros. Ella fue uno de estos casos.

Uno de los sentimientos más difíciles de gestionar durante mis viajes es saber que hay un número muy elevado de pacientes que necesitan ser operados de urgencia en países sin los recursos suficientes para atender la cantidad de emergencias que reciben. Mi tiempo, los medios y el material con el que cuento durante mis estancias son limitados. Muchas veces soy consciente de que muchos de esos pacientes se salvarían sin problemas en un país con mejores recursos o más personal médico, y eso me provoca una frustración enorme, al irme habiendo tratado solo unos cuantos de ellos.

Por eso le doy tanta importancia al entrenamiento de los cirujanos locales. Sé de primera mano que muchos países africanos son víctimas de la dependencia que crea la ayuda internacional, como si la solución solo pudiera venir de fuera. Creo firmemente en la necesidad de empoderar y apoyar a través de herramientas que fomenten la independencia, no la dependencia.

No busco la admiración de los colegas locales cuando opero en sus países; quiero que sean capaces de reproducir lo que hago sin mi ayuda, que sean excelentes hasta el punto de poder enseñar mi técnica. Busco que en países como este, donde hay 0,28 médicos por cada 1.000 habitantes, haya cada vez más cirujanos, más especialistas, más conocimiento y más derechos para los pacientes.

Acepté ajustar mi agenda para operar a la chica. Tengo mucha experiencia en cirugía reconstructiva y sabía que podía salvarla. La opción de extraer la llave con broncoscopio era imposible, ya que había generado tejido a su alrededor y estaba encapsulada. Opté por una cirugía mínimamente invasiva, uniportal. A través de una pequeña incisión llegué hasta la llave, la extraje y después reconstruí el bronquio. Realizamos lo que se conoce como cirugía broncoplástica, sin resección pulmonar.

Tras dos años sin poder respirar bien, con dolor y fiebre, la chica volvió a ser la que era antes de tragarse la llave. A los dos días de la operación pudo regresar a casa y llevar una vida completamente normal, con su pulmón intacto. Fue emocionante verla caminar hacia la salida del hospital, sin sospechar que de no haber sido por esa operación, hubiera muerto en pocos meses.

Fue una casualidad, una preciosa casualidad, que me hizo valorar aún más mi estilo de vida. A veces me preguntan si tanto viaje a lugares remotos vale la pena. Sí. Siempre. Este caso es solo un ejemplo entre cientos, en los que la casualidad hace que me encuentre con un paciente en una situación extrema al que solo yo puedo salvar.

No todo fue fácil en aquel viaje al Congo, por supuesto. Ningún viaje está libre de contratiempos. Souheil Boubia, mi compañero de Marruecos, cuyo vuelo fue cancelado en Argelia al comienzo de la pandemia y no pudo venir a Libia por problemas con el visado, tuvo también un retraso con su visado al Congo. Él y el material que necesitábamos para operar llegaron un día tarde. Siempre bromeo sobre la suerte de Boubia y los viajes. Dicen que todo lo bueno es difícil, y tener a Boubia a mi lado es algo buenísimo; quizá por eso siempre viene acompañado de cierta dificultad.

Aquel primer día, mientras esperaba a mi amigo, decidí pasear por las calles de Kinsasa. Las fechas de la masterclass coincidieron con la visita del papa Francisco al país centroafricano; las calles estaban abarrotadas de gente esperándole. Era una locura, gente corriendo de un lado a otro, como si esperaran a una estrella de rock. Ir desde el hotel hasta el hospital era un auténtico desafío, unas dos o tres horas en coche entre ida y vuelta. A pesar de la multitud, no sentí ningún tipo de inseguridad ni tensión política. Había planificado mi visita al Congo unos meses antes, pero la cancelamos debido a la inestabilidad política. Quizá por eso disfruté tanto ese viaje, incluso cuando no podíamos hacer más que sobrellevar con paciencia los atascos.

Me recuerdo observando a la gente desde el coche. Miraba su lenguaje corporal; esperaban nerviosos, con la esperanza de que el simple hecho de ver a ese hombre transformara sus vidas. La fe es un refugio; siempre lo he creído así. Pero también es una fiera incontrolable.

Hay algo que disfruto mucho antes de cada operación: observar los rituales preoperatorios a los que los pacientes y sus familias se encomiendan. Los rezos de los musulmanes, que varían según sectas, países y familias, las ofrendas en las diferentes religiones de la India, las estampitas católicas y sus rezos sobrios. La expresividad y algarabía de algunos fieles de las iglesias evangélicas. África, intentando no caer en esa tendencia que tenemos los extranjeros de exotizar lo que se sale de nuestra normalidad, era fascinante. Había un intenso debate entre la medicina occidental y la medicina más tradicional practicada por curanderos o brujos.

Es común que en las zonas rurales persista la desconfianza hacia la medicina occidental, y se utilicen rituales mágicos que muchas veces incluyen sacrificios de animales o intercambios de sangre humana. También es común que los curanderos se opongan a los hospitales o clínicas oficiales, ya que para ellos la magia es una forma de vida, dependen económicamente de sus pacientes; no es solo una ideología o una tradición. Es interesante pensar que lo que entendemos como complejidades culturales responde a la economía.

Durante aquellos días me fijé en un hombre que siempre estaba a mi lado cuando necesitaba algo; si me hacía falta una herramienta se encargaba de buscarla, si me perdía por los pasillos abarrotados de pacientes, me guiaba por el camino correcto, si tosía me tendía un vaso de agua. Tenía una sonrisa amplísima, como si su misión en la vida fuera la de sonreír para iluminar los días difíciles de todo aquel que se cruzara en su camino. Era albino.

Una enfermera me contó que poco a poco las campañas de concienciación sobre el albinismo iban cuajando en la sociedad, especialmente en las grandes ciudades como Kinsasa. Sin embargo, en muchas de las zonas rurales del Congo nacer albino suponía pertenecer a las sombras. Dependiendo de la zona, son considerados malditos o una bendición.

—Ambas posibilidades conllevan terrores que no puedes ni imaginar, Diego —me dijo la enfermera—. Si son considerados malditos pasarán su vida encerrados y escondidos, probablemente al final sean asesinados de una forma brutal. Si, por el contrario, son considerados como fuente de curación, también serán perseguidos y asesinados para utilizar algunos de sus órganos para rituales por los que hombres de poder pagan miles de dólares.

Escuché que hacía tan solo un mes había llegado un adolescente albino al hospital, al que le habían extirpado los ojos porque un brujo los necesitaba para una poción que revelaría si la mujer de su cliente se quedaría embarazada en el futuro o no. El chico murió por una infección. Pensaba mucho en esas historias trabajando al lado del sanitario albino durante aquellos días. No quise preguntarle nada porque pensé que no tenía ningún derecho a hablar de algo que no debería ser tema de conversación para nadie.

Hablamos de todo eso durante la última cena en el país. Las cenas compartidas no consisten solo en disfrutar de la comida con mis amigos y compañeros, son también un espacio para poner en perspectiva todo lo vivido junto a ellos. El caso de la chica y la llave me había hecho feliz; había conseguido salvar su vida, pero también había abierto una puerta a hipotéticas historias sobre cómo la llave había llegado a su pulmón. Cada persona a la que preguntaba tenía su propia versión.

—Se trataba de la llave del almacén de la tienda de su tío, que vendía alcohol —comenzó a divagar uno de mis compañeros—. La niña consiguió la llave para coger unas cervezas y compartirlas con sus amigos mayores que ella.

—Eso pasaría en una película americana —respondió riendo un médico congoleño.

—¿Qué pasa? ¿En el Congo los adolescentes no beben y no sacrifican todo por la aceptación de sus amigos?

—Sí, pero el temor a los padres es mayor que la necesidad de encajar.

Reíamos.

El chico que nos sirvió la comida iba rezando mientras sostenía la bandeja. Era un chiquillo joven, apenas habría empezado a trabajar hacía una semana. Temblaba y miraba los vasos con terror, como si fueran a estallar sin previo aviso delante de nosotros, los turistas ruidosos y extraños.

Alguien le preguntó su nombre, con la intención de tranquilizarlo.

—Pierre —contestó con un hilillo de voz—. Como el apóstol.

Aquella interacción surtió efecto; el resto de la noche Pierre fue capaz de acercarse a nosotros sin temblar. Al final de la cena, después de agradecerle el servicio, quiso hacernos una pregunta.

—¿Habéis venido con el papa Francisco? —Se notaba que estaba emocionado.

—No —contestó uno de los médicos locales—. Son cirujanos, han venido a operar.

—Vaya —respondió—. Qué curioso; el Papa ha venido a

curar el alma y vosotros el cuerpo. Si veis al Papa, decidle que me llamo Pierre y que cuido a Dios, le cuido.

Pierre hablaba de Dios como si fuera su mascota. ¿Cómo se cuida de Dios? Me pareció tierno y honesto. Las décadas de conflicto violento habían dejado al país en una situación extrema, y ahí estaba Pierre, con sus nervios, su fe y sus ganas de hablar.

En todos mis viajes termino por comprender que, por terrible que sea la situación, un país lo hacen las personas buenas. Son sus historias las que permanecen conmigo, sus conversaciones, por breves que sean, la generosidad con la que me dejan adentrarme en su mundo. Las guerras hacen tanto ruido que todo lo que convierte al mundo en un lugar mejor pasa desapercibido. Por eso yo cuento lo bueno, por eso comparto las historias de las personas geniales que voy conociendo, para que no se pierdan en el caos, para no olvidar que en cada lugar que he visitado he sido feliz.

Me despedí de Pierre, deseándole salud y una vida larga. Antes de subir al avión, pensé en la chica de la llave y en todas las teorías que habíamos compartido sobre su caso. Me decanté por la historia de amor, no porque fuera la más realista, sino porque a veces lo que no tiene sentido solo puede justificarse mediante el amor. Eso lo hacía todo más justo, más bello quizá.

14

Dar es-Salam / Kilimanjaro

Septiembre de 2023

Ten siempre a Ítaca en tu mente.
Llegar allí es tu destino.
Mas no apresures nunca el viaje.
Mejor que dure muchos años
y atracar, viejo ya, en la isla,
enriquecido de cuanto ganaste en el camino
sin aguardar a que Ítaca te enriquezca.

KONSTANTINO KAVAFIS

Todo es posible en Dar es-Salam.

Es una ciudad en la que la historia emana del mismo suelo, de sus calles estrechas, su arquitectura con reminiscencias árabes, indias y suajilis, de la pesadez del aire, de la brisa del océano y de su puerto. No conozco muchos lugares tan fascinantes como el puerto de esta localidad tanzana, ahora abarrotado de contenedores provenientes de China o Europa y, en el pasado, de especias, piedras preciosas, café, té, esclavos e historias.

Historias que los más viejos siguen contando y que, con un poco de suerte, alcanzo a escuchar en alguna callejuela mientras recorro los mercados.

El puerto es el vientre mismo del país. Observo sus barcos, sus gentes, la agresividad de las gaviotas, a las mujeres cargando cestas de pescado sobre sus cabezas. A lo lejos hay dos prostitutas que esperan sentadas mientras se entretienen con sus móviles. Se encuentran cerca de un lugar donde los pescadores tiran los desechos de los peces y redes rotas, pero no parece molestarles el olor. Una de ellas ha dejado a sus pies una bolsa con dos cebollas de las que hacen llorar y unos cuantos aguacates; me la imagino cocinando. Su amiga lleva un bolso con letras de neón: «Make love, not war», se puede leer. Haz el amor, no la guerra. La letra «o» de la palabra amor está a punto de despegarse de la tela. Los pescadores pasan a su lado sin prestarles atención; ellas tampoco les prestan atención a ellos, reconozco que se trata de una indiferencia nacida de la costumbre.

—Todo es posible en Dar es-Salam —le digo a mi amiga Carla, que me devuelve una mirada silenciosa, cargada de comprensión.

Me siento seguro bajo su mirada; estar con ella es como estar en casa. Me comprende y comparte conmigo el sueño más importante de mi vida: la fundación que ayuda a mejorar las técnicas quirúrgicas a nivel global. Es ella quien la dirige. Es ella quien hace que todo esto sea posible. Pero hay más, más allá del trabajo me refiero. Carla es una persona con la que disfruto hablando de las cosas más simples: podemos discutir sobre el placer de mordisquear el currusco de una barra de pan antes del almuerzo de los domingos, sobre el recuerdo de esa modorra dominical después de la sobremesa viendo documentales de ballenas en La 2, o sobre el miedo y la muerte, las finanzas y los sueños.

Acabamos de llegar a este país africano y somos conscientes de que tenemos por delante días vertiginosos. Me doy cuenta de que Carla escribe notas en su móvil.

—¿Me dejarás leerlas? —le pregunto con curiosidad. Siempre me gusta su forma de ver el mundo, presta atención a detalles que pasan desapercibidos para mí.

—Claro —me responde, mostrando la generosidad que le caracteriza.

Conocí a Carla como conozco a las personas más importantes de mi vida: por casualidad. Me contactó para operar a su padre, al que le habían detectado un cáncer de pulmón. No era un caso sencillo, pero quise intentarlo, quise salvar su vida. No pudo ser. Carla vivió todo este proceso de una forma admirable, prestando atención a la parte más humana de la medicina, a la parte más humana de mi trabajo. La muerte de su padre iluminó su vida, y decidió ayudar a los pacientes que pasaban por esos momentos angustiosos tras el diagnóstico del cáncer. Fue más allá: empezó a preguntarse qué ocurría con todos esos pacientes que ni siquiera tenían la oportunidad de obtener un diagnóstico en los hospitales de países en desarrollo. Dice que me admira, pero creo que no tiene idea alguna de cuánto la admiro yo a ella, de cuánto me enseña día a día.

Los hospitales públicos del este de África son notorios por la excelencia de sus médicos y su capacidad para lidiar con la falta de recursos a la hora de tratar a la cantidad de pacientes que acuden cada día con diversas dolencias. El Muhimbili National Hospital era un lugar donde la ciencia y la supervivencia compartían espacio de manera extrema. Los médicos realizaban investigaciones brillantes mientras lidiaban con casos de abandono de pacientes en el hospital, con todas las cuestiones éticas que eso implicaba. Las habitaciones, amplias y abarrotadas, tenían algo de cinematográfico, con las mosquiteras ondeando bajo la corriente de los ventiladores. Y, en las camas tendidos, los pacientes esperando a que el tiempo pasara.

Yo ya había operado antes en un hospital en esa zona del mundo. La directora del centro nos recibió con calidez y alegría. Era la primera vez que se iban a realizar cirugías mínimamente invasivas en el país. Los medios de comunicación estaban presentes e inmortalizaron el momento en que entregamos los kits Uniportal VATS al hospital como donación de nuestra fundación.

—Parece que reciben a una estrella de rock —susurró Carla.

—Reciben algo mejor —le dije—. La posibilidad de crecer como médicos, de curar más y mejor.

No había tiempo que perder y nos pusimos manos a la obra con el programa. Comenzamos con la formación teórica en una sala con ventiladores gigantes en el techo. Más de cuarenta cirujanos me escucharon con atención durante horas y transformaron la conferencia en un intercambio riquísimo sobre diferentes técnicas y el futuro de la cirugía en el país. Hay momentos en los que mis clases se convierten en una conversación sobre cómo ser mejores para el paciente. Cuando veo el esfuerzo de cuarenta personas reunidas en una habitación discutiendo sobre cómo aliviar el dolor, cómo acompañar en la enfermedad, cómo entender la cirugía con responsabilidad, entonces creo que el hombre es inherentemente bueno.

El sonido de los ventiladores siempre me produce somnolencia. Me recuerdan a la infancia; a las tardes estivales interminables en el salón de casa esperando a hacer la digestión para poder volver a la playa a bañarme. Estaba a punto de tener hambre y no quería alargar la masterclass más de lo necesario. Antes de salir de la sala algunos de los asistentes quisieron hacerse una foto conmigo; siempre me sorprende la admiración que me muestran los médicos locales. Quizá es cierto que faltan medios en sus hospitales, pero los médicos son clínicamente excelentes. Muchas veces, ante la falta de diagnóstico por imagen, recurren a técnicas que en Europa hemos descartado, pero que tienen una gran ventaja: el uso de los sentidos, la atención al cuerpo del paciente, la capacidad para distinguir los signos, valorar los síntomas, y esa escucha que poco a poco se pierde en los lugares donde la medicina se está convirtiendo en un protocolo. No quiero ser mejor que nadie, ni siquiera ejemplo de nada. Quiero enseñar, quiero que haya miles de médicos que sean los mejores, que estén disponibles para todos aquellos pacientes que los necesiten. Es una utopía, quizá, pero también lo es el imperialismo, y nadie ha detenido nunca a los dictadores sedientos de tierra. ¿Por qué detener la educación? ¿Por qué frenar el avance científico, la medicina?

Esto no contradice en absoluto mi pasión por la tecnología, la robótica y las innovaciones. Simplemente creo que la tecnologización de la medicina debería complementarse con la intuición clínica del médico, y no sustituirla.

A veces me cuesta seguir adelante. Nadie lo nota, nadie nota que aunque mi voz sale firme de mi garganta, me duele el centro. No el corazón, no; el corazón sigue latiendo a pesar de la tristeza, la duda o el miedo. Es el estómago el órgano que responde a mis emociones, es el centro de todo, el que lidia con la pesadez del mundo. Cuando me presentan los casos disponibles para operar, se me cierra el estómago. En esta ocasión eran treinta los pacientes con una necesidad innegable de ser operados. Todos jóvenes, con la vida por delante, con sueños, con familia. Tenía que elegir seis. ¿Cómo se eligen seis personas de treinta? ¿Cuál es el destino del resto? Carla, que percibía mi angustia, preguntó qué criterio seguiría para elegir mis casos. Cerré los ojos y suspiré. Sabía que ella no necesitaba más explicaciones; lo entendía. Agradecí que estuviera ahí, simplemente en silencio.

Un médico me indicó dónde estaba el ordenador que contenía toda la información de los pacientes; se trataba de un ordenador antiguo, de esos que emiten un ruido como de nave espacial, como los que usábamos cuando teníamos Messenger y utilizábamos Hotmail. Me rodeaban veinte médicos con quienes deliberé sobre cada paciente, y después de mucho considerar, elegí mis seis casos. Entre ellos había dos niñas, de ocho y diecisiete años.

El primer caso era el de una niña de ocho años. Cuando fuimos a visitarla antes de la operación, alguien le preguntó si sabía quién era yo.

—Diego —contestó. Su madre rio orgullosa a su lado. Me fijé en su pelo cuidadosamente trenzado con hilos de colores, noté su nerviosismo y sus ganas de agradarme.

Había leído en su historial clínico que tenía un quiste; los cirujanos locales habían propuesto extraerlo mediante incisiones pequeñas, pero resultó ser un tumor mediastinal que comprimía la vena cava superior y la tráquea; una masa sólida, grande, incrustada, bloqueando estructuras vitales. Cuando me doy cuenta de que la cirugía que estoy realizando es mucho más compleja de lo previsto, necesito tomarme dos segundos para redirigir mi mente. Cuando esto ocurre con niños, es mucho más complicado. Conseguimos extraer el tumor mediante una incisión pequeña, fragmentándolo. Resultó ser benigno, un ganglioneuroma. La niña se recuperó perfectamente. Al día siguiente, cuando fui a verla, estaba pintando pájaros en un cuaderno. Sus pájaros volaban, pero había uno tumbado con el pico abierto.

—Está enfermo, pero se va a poner bien —me explicó.

Claro que va a ponerse bien.

El segundo caso fue el de una chica de diecisiete años que escuchaba música en un discman. No había visto uno de esos en años.

—¿Qué escuchas?

—A Etta James.

—¿Qué canción?

—*At Last* —dijo sonriendo. Y entonces empezó a cantar—: «*At last my love has come along, my lonely days are over, and life is like a song* [...]».

Sonreí antes de concentrarme en su historia.

A los diez años sufrió un traumatismo torácico; un golpe en el torso que provocó que una costilla quedara incrustada en su pulmón. ¿Os imagináis qué tipo de golpe provoca algo así? ¿Os imagináis el dolor? Nadie la llevó al hospital y, durante casi una década, estuvo sufriendo infecciones. Una mañana, en la cafetería de al lado del instituto en el que estudiaba, el dolor fue tan fuerte que tuvo que elegir entre morir con la boca llena de dónut, frente al chico que le gustaba, o dirigirse de inmediato al hospital.

Vino al hospital, claro, donde esperó tumbada en una camilla, con un diccionario descansando sobre su abdomen. Las enfermeras me contaron que jamás se separaba de ese diccionario, que lo llevaba consigo como si fuera un oso de peluche. Un día le pregunté por él y me contestó que los diccionarios guardan en sí todas las historias del mundo.

Le pregunté también qué le había pasado, cómo había acabado con esa costilla atravesando su pulmón. La chica miró a su libro-refugio.

—No recuerdo —contestó.

—¿No recuerdas o no puedes nombrarlo?

Sonrió.

Pensé que tenía el diccionario para sentir el significado de lo que no podía nombrar. Probablemente había sido víctima de malos tratos cuando era niña.

—Voy a quitarte el dolor —le prometí—. Ya vas a poder olvidarlo todo.

La cirugía fue larga y difícil. A través de una incisión única, conseguimos extirparle la costilla y salvamos la mitad del lóbulo superior del pulmón izquierdo.

El primer día terminamos en el hospital cuando ya había anochecido. Me salté todas las advertencias del Lonely Planet y decidí volver andando al hotel. Había estado caminando de ocho a diez kilómetros al día para preparar el ascenso al Kilimanjaro y había descubierto que caminar me ayudaba a poner mis pensamientos en orden. Mis compañeros decidieron acompañarme, así que nos adentramos en las calles de Dar es-Salam, bulliciosas, llenas de puestos de comida casera y comerciantes. En uno de los puestos de *samaki*, pescado ahumado, dos masáis compartían comida de un solo plato mientras miraban sus respectivos móviles. De vez en cuando, uno reía y le mostraba algo al otro. Sus iPhone contrastaban con sus ropas tradicionales; a veces me asusta darme cuenta de la rigidez de nuestra mirada y la facilidad con que se rompen nuestras ideas preconcebidas. Uno de ellos dejó el móvil momentáneamente para aplastar un mosquito que había comenzado a chupar la sangre de su antebrazo. Mosquitos. De pronto caí en la cuenta de que estábamos en zona de riesgo de malaria, y para los mosquitos hiperactivos de aquellas horas éramos un banquete. Entre tanto trajín había olvidado por completo que debíamos habernos embadurnado de repelente. Vi una farmacia en la calle por la que pasábamos. En la puerta anunciaban paracetamol, preservativos, y al lado había panfletos pegados anunciando los servicios de un brujo.

Los postes eléctricos de Dar es-Salam estaban llenos de este tipo de publicidad de curanderos tradicionales que prometían acabar con todo mal que pudiera nombrarse en suajili. El primero de la lista era el amor —el amor es siempre el primer mal de la larga lista de dolencias—, seguido de los problemas de negocios y los dolores de cabeza. Me fijé en una palabra: «kilichopotea», que significa «todo lo perdido». Me parece bellísimo que exista un término para la pérdida generalizada. ¿Cuál es su remedio? Me inquieta que el amor encabece la lista de males y desastres. ¿Es el amor un mal?

En la farmacia compramos un repelente de mosquitos que olía a veneno puro. Me aseguré de que todos lo usaran y seguimos adelante. Días más tarde, cuando Carla compartió sus notas conmigo, vi que había escrito sobre ese momento. «Las ganas de cuidar y proteger a los demás son inherentes a Diego», escribió. «Quizá sea uno de esos valores afianzados en la infancia. Me imagino al Diego niño haciendo reír a la gente, queriéndolos felices [...]». Me sentí afortunado de rodearme de personas que convertían los pequeños gestos en hazañas. Gracias a sus notas, pude revisitar el viaje desde fuera, desde sus ojos.

Cuando terminé de preparar las operaciones que tendrían lugar el día siguiente, fuimos a cenar, era cerca de medianoche.

Pedí una cerveza local y le hice una foto para subirla a Instagram. Era mi forma de conectarme con la normalidad. Entonces era un hombre bebiendo una cerveza con amigos; me liberaba del peso de la admiración. Porque es un peso a la vez que una bendición; pesa porque requiere una responsabilidad: la de estar a la altura de las expectativas de la mirada del otro. Carla sonreía al otro lado de la mesa y escribió una nota: «Recuerdo que Diego publicó una foto en su Instagram de una cerveza llamada Kilimanjaro; pensé que sus seguidores no tendrían idea alguna del día que había precedido a aquella fotografía. Así terminó nuestro día». Sonreí somnoliento y satisfecho. Con nosotros estaban dos amigos de Rusia: Victor Markushin, un cirujano de gran prestigio en su país, y Sasha, camarógrafo, que ya me había acompañado en varios viajes alrededor del mundo para documentar nuestras aventuras y hazañas médicas.

El amanecer del día siguiente fue fresco, cubierto con esa bruma que se levanta poco después de que asoman los primeros rayos de sol. Olía a humo y a la comida que se vendía en los puestos de la calle. La televisión del hotel estaba encendida; en los informativos hablaban de mi visita al país. «Todo un acontecimiento», anunciaban. Bebí mi café y me preparé para ir al hospital donde nos esperaba una larga jornada en la que debíamos operar los casos que habíamos seleccionado el día anterior, cada cual más complejo que el anterior.

Había quince cirujanos presentes en la sala de operaciones para aprender cómo operar de forma mínimamente invasiva. También estaban Carla y mis compañeros de Rusia.

El primer caso comenzó con un retraso de una o dos horas, debido a problemas con la intubación. En casi todos los casos surgieron complicaciones; era de esperar. Y, como siempre, hice de cada una de ellas una lección, una oportunidad para mostrar a los cirujanos locales cómo lidiar con los contratiempos. «A pesar de las dificultades, Diego continuaba manejando la situación con destreza, enfrentando la adversidad incluso en los momentos más críticos», escribió Carla durante aquella jornada.

En ocasiones, cuando hablo de mis días y de mi trabajo, podría parecer que se trata de una repetición secuencial: operaciones que se complican, casos fascinantes, personas asombrosas y paisajes inolvidables, por supuesto. Sin embargo, cada país me enseña lecciones nuevas; jamás tengo la sensación de haber pasado por algo antes. Así me sentí cuando, entre operación y operación, nos dirigimos a la sala de oncología para entregar a los niños que se encontraban ahí ingresados las equipaciones que la Fundación Real Madrid había donado. Recordé la experiencia en Sierra Leona y en Liberia; siempre llevo la felicidad de esos niños como un regalo en la memoria. Las camisetas no van a curarlos, no van a hacer su vida más fácil, pero como médico estoy convencido de que los instantes de felicidad cuentan. Miré a Carla, la vi emocionarse; sabía que este viaje iba a tener un impacto tremendo en su vida.

Terminamos las operaciones a medianoche y tomamos un *tuktuk* para volver al hotel. Mi prioridad era descansar lo suficiente ya que esa misma noche teníamos que ir al aeropuerto. Los siguientes días iban a ser físicamente agotadores y los dos días en el hospital habían sido muy intensos; como siempre, no solo por los casos, sino por todas las historias de las que nos habíamos empapado.

Di las buenas noches y me dirigí a mi habitación. No pude dormir bien; los recuerdos de aquellos días se mezclaban con la excitación del viaje al Kilimanjaro. Era un sueño a punto de hacerse realidad; siempre había querido alcanzar esa cima de casi 6.000 metros de altura.

A las tres de la mañana ya estábamos listos en el aeropuerto. Tras solo dos horas de sueño, embarcamos rumbo a la montaña más alta del continente. Fui muy feliz sentado en aquel avión, sabiendo que esa misma tarde comenzaríamos una primera etapa de diez kilómetros, que no sería nada fácil ya que los planes no eran del todo favorables: normalmente, la ascensión tiene una duración de seis días, incluyendo un día de aclimatación debido al riesgo de padecer mal de altura. En principio íbamos a volar a Bucarest el día 26 desde Dar es-Salam. Recibí una llamada que cambió los planes; un paciente multimillonario necesitaba que operara a su esposa. Se trataba de una cirugía muy compleja y estaba asustado. Cuando se trata de salvar la vida de tu amor, no hay límites. Le prometí que la operaría en Bucarest el mismo 26, nada más aterrizar.

—Mire, doctor, el 26 no es una buena fecha —me contestó—. La operación ha de tener lugar el día 25 por la mañana, según la carta astral.

—Estoy en el Kilimanjaro, no creo que pueda llegar a operar ese día —me disculpé.

—Le enviaré un jet privado —prometió.

Al multimillonario le temblaba la voz. La oferta me pareció estrambótica y extraña, pero acepté por una sola razón: aquel hombre tenía miedo y me estaba pidiendo ayuda.

Ese cambio de planes suponía acortar la ascensión de cinco a cuatro días, eliminando el día de aclimatación, lo que incrementaba el riesgo de que alguno de nosotros sufriera mal de altura. Los síntomas van desde dolor de cabeza, mareo y vómitos hasta complicaciones graves como el edema pulmonar o cerebral. Lo hablé con Carla y con mis amigos rusos, Sasha y Victor, que accedieron a ajustar el plan de subida para intentar conseguir nuestro objetivo.

—No vamos a intentarlo —recalcó Carla—. Vamos a conseguirlo. Vamos contigo, Diego, a tu lado imposible es nada.

Durante esa hora de vuelo recordé una película que vi de niño sobre el Kilimanjaro. No recuerdo el título, pero aún siento la emoción que me transmitió. Supe que un día sería yo quien alcanzaría la cumbre más alta del continente africano. Cuando alguien me pregunta por mi vocación, siempre explico que consiste en algo simple y complejo a la vez: convierto mis sueños en realidad, no solo en mi carrera, sino en todo lo que me propongo. Cuando era pequeño, vivía cerca de una tienda de ropa y, un día, vi en el escaparate una cazadora de dos colores que me fascinó. Entré a preguntar el precio y calculé cuánto tiempo tendría que ahorrar para conseguirla. Entraba en la tienda casi a diario a probármela y mirarme al espejo. Conseguí el dinero, claro, y me la compré.

Al aterrizar nos encontramos con Tom, nuestro guía, con quien sigo hoy en día en contacto. Recuerdo regalarle un balón del Real Madrid, y aún me manda fotos de su equipo de fútbol entrenando con esa pelota. Conocimos a los miembros de la expedición: entre porteadores, cocineros y sherpas, eran más de diez personas. Todos me reconocieron; me habían visto en la televisión esos días.

—Te admiro —me dijo uno de ellos.

—Yo te admiro a ti —contesté, reconociendo la dureza de su trabajo.

Hacia el mediodía, partimos hacia la zona cero del ascenso. Los porteadores habían salido antes que nosotros. La exuberancia de la vegetación me recordaba a Galicia.

—Ves a Galicia en todos los lugares —bromeó Carla—. Tienes a Galicia grabada en tu retina.

Sí, eso era.

Comenzamos la ruta Marangu; una de las rutas más populares para ascender a la cima del Kilimanjaro. Aunque se la considera más cómoda que otras, no necesariamente es más fácil. Se la llama la «ruta de la Coca-Cola» porque es la única que ofrece alojamiento en refugios en lugar de tiendas de campaña, y en el pasado, los refugios solían vender refrescos a los escaladores.

Caminábamos en fila; Tom marcaba el ritmo e iba cantando canciones tradicionales en suajili. A veces me impacientaba y lo adelantaba, pero sabía ponerme en mi sitio; estábamos en su territorio y la ley principal para que todo fuera bien era no apresurarse. Fue un día maravilloso. Al caer la noche, el agotamiento se hizo notar justo cuando enfrentábamos la pendiente más pronunciada. Cada vez que preguntábamos cuánto quedaba para llegar al refugio, nos contestaban siempre lo mismo: «Media hora». Media hora que se convertía en una o dos horas, exactamente como cuando éramos pequeños e íbamos en coche con nuestros padres.

Por fin divisamos una luz en el camino y llegamos al campamento, con pequeños bungalows de madera. Las duchas tenían agua helada, así que nos limitamos a cenar y a dormir.

Tuve una pesadilla esa noche. Una de esas pesadillas sin sentido que son un síntoma del cansancio acumulado; llevaba meses con un ritmo frenético. De hecho, era la primera vez en mucho tiempo que tenía más de dos días seguidos para hacer algo que no fuera operar.

La segunda jornada de ascenso consistió en seis horas. La vegetación se hacía más escasa. Esa etapa fue importante para mí; pensé en todas las personas que conozco que son ejemplo de resiliencia. Tuve tiempo de recuperar historias que había dejado en un rincón de mi mente, esperando ser procesadas. Recordé a un hombre que conocí en Kenia —en un viaje que hice un año atrás—, un familiar de uno de los pacientes que operé allí. Su historia era impresionante.

Había vivido en la calle desde los tres a los siete años.

—¿Ves estas cicatrices en mi cara y en las manos? —Me señaló las marcas en su piel—. Son mordiscos de perros callejeros. Los niños y los perros luchábamos por la comida que encontrábamos en la basura.

A los siete, su organismo no pudo más y colapsó en el arcén de una carretera; lo dieron por muerto y llevaron su cuerpo a la morgue, donde se despertó como si fuera un milagro. El trabajador de la morgue rezó un padrenuestro, le dio la bienvenida de nuevo al mundo de los vivos y lo envió a un orfanato. Cuando lo conocí, trabajaba como instructor de boxeo.

—Hice de la lucha una forma de vida —contaba orgulloso—. No hay que rendirse nunca, ni siquiera cuando mueres.

Pensaba en su vida mientras luchaba contra el cansancio

acumulado. No ayudaba tener que recorrer más kilómetros de lo previsto para poder llegar a tiempo.

Por la noche, Tom y su equipo nos mostraron un baile típico de allí. Bailé con ellos al son de una canción sobre el Kilimanjaro. Todo estaba bien, a pesar del frío que se intensificaba y el dolor en la punta de los dedos. Después del baile, Tom se sentó a hablar con nosotros. Nos habló de las veinticuatro horas de subida ininterrumpida, sin tiempo para aclimatarnos, que enfrentaríamos una vez alcanzado el campamento número tres. Quería que fuéramos plenamente conscientes de lo que teníamos por delante.

—Descansad bien esta noche —nos aconsejó.

La dureza de las etapas siguientes no puede expresarse con palabras. El paisaje era prácticamente pedregoso, ya no había ni rastro de vegetación. El frío se acentuaba con un viento desagradable que se sentía en los labios como cuchillas. Sasha, que había estado documentando cada momento, cayó enfermo en el campamento número tres. Traté de ayudarlo con infusiones, pero entendí que era mejor que abandonara la ruta y fuera evacuado. Resultó que su mal de altura se había complicado con un cólico renal.

—Oye, amigo, te llevamos con nosotros —le prometí al despedirme.

Carla, Victor y yo emprendimos el ascenso final por la noche, en condiciones extremas de frío y cansancio. Llevábamos dos sherpas al lado de cada uno, para ayudarnos en las zonas de escalada. Tom insistía en que cantáramos, recordándonos que siempre hay que enfrentar la adversidad de cara, con valor y con buena energía. Esa noche fue sobrecogedora. Caímos mucho pero no nos herimos; sabíamos caer, tanto en la vida como en aquel ascenso. Recuerdo la noche estrellada, el silencio que guardábamos entre canción y canción; solo se oía el sonido de nuestras respiraciones y de nuestros pasos firmes. Creo que hasta podía escuchar el aire frío crujiendo a nuestro paso. El esfuerzo era físico y mental. Tenía en mente los versos del poema «Ítaca» de Kavafis: «Cuando emprendas tu viaje a Ítaca, / pide que el camino sea largo, / lleno de aventuras, lleno de experiencias».

Cuando estaba llegando a lo que casi podía reconocer como el límite de mi extenuación, el amanecer rompió la oscuridad. Y nos detuvimos, por supuesto. Amanecía y me encontraba casi en la cima del Kilimanjaro. La paz que sentí en ese momento fue incomparable. Estábamos más altos que las nubes y la cumbre se hallaba ahí mismo, enfrente de nosotros, destellando bajo los primeros rayos de sol. Faltaban dos horas hasta llegar a la cima cuando Victor enfermó de mal de altura y tuvimos que dejar que lo evacuaran de inmediato.

Proseguimos el ascenso en silencio, y de pronto vi cómo Carla bajaba el ritmo y se sentaba en el sendero. Caminé hacia ella y me senté a su lado.

—Vamos, tenemos que conseguirlo juntos.

Para mí, esa subida tenía algo de simbólico; tenía que ver con nuestro trabajo con la fundación. Necesitaba a Carla conmigo.

—Vamos a descansar un rato y continuamos, ¿de acuerdo? —le insistí.

Ella asintió, emocionada.

Lo conseguimos. Claro que lo conseguimos. Llegamos a esa cima con la que había soñado tantas veces, saqué la bandera con el logo de la Fundación Diego González Rivas y la extendimos para hacer una foto. Después nos abrazamos a Tom.

Hablo de los acontecimientos porque no soy capaz de hablar de lo que sucedía dentro de mí en ese momento. Creo que, si fuera capaz de describir con exactitud mis emociones, no lo haría. Es algo que guardo como un tesoro. Lo llevo dentro, muy dentro, y sigue siendo una luz que me sirve como guía cuando tengo días terriblemente complicados o algo no sale como lo espero.

Antes de uno de mis primeros viajes a África, compré un libro de Javier Reverte titulado *Vagabundo en África*. Recuerdo haber subrayado muchas partes de sus historias, entre ellas una frase en la que el autor afirmaba que «quien no ha visto el Kilimanjaro no puede decir que ha estado en África». Entendí esa frase en el momento en que alcancé la cima, el techo de mi continente favorito en el mundo entero.

El viaje no había terminado; quedaba el descenso. Éramos conscientes de los riesgos que corríamos al hacerlo rápidamente, sin darle tiempo al cuerpo a aclimatarse. El camino no era fácil; en las cumbres rocosas, las caídas eran inevitables. Una de ellas me hirió el brazo, y durante un momento me quedé sin aliento: las manos, los brazos, son mis herramientas de trabajo. No pasó nada más allá de un dolor que me acompañó durante algunos días.

En la bajada ya no había cánticos, y Carla y yo estábamos exultantes pero mareados y extremadamente cansados. El camino fue más corto de lo esperado. En el campamento número dos nos encontramos con Víctor y Sasha, que estaban prácticamente recuperados, y emprendimos el regreso al hotel en un todoterreno. La ducha de agua caliente, la cena con amigos y la calidez de la cama fueron regalos para todos nosotros.

El resto es historia: llegué a Bucarest a tiempo para la cirugía. No sé qué carta astral había dictado esa fecha, pero tanto la paciente como su esposo estaban seguros de que todo iba a salir bien. Y salió bien, no sé si gracias a los dioses, la alineación de los planetas, mi técnica quirúrgica o una conjunción de todo.

Recuerdo cenar con la familia del paciente para celebrar que todo había sido un éxito, y sentir el peso de los cubiertos en mis manos. Quiero decir, era consciente del peso del tenedor. Más tarde, esa misma noche, experimenté una fatiga extrema y problemas respiratorios. Fui de inmediato a un cardiólogo que me diagnosticó tensión arterial alta y un posible espasmo de pulmón debido a la rapidez con la que habíamos realizado la ascensión.

Una vez tuve un amor de esos en los que te quedarías a vivir para siempre. Un día, jugando, me mordió en el hombro; éramos unos críos. Al día siguiente, al despertar, sentí el dolor; un dolor que me recordó que ella existía, que estaba en mi vida, que era real.

El dolor que arrastré las semanas después del ascenso al Kilimanjaro me devolvió ese sentimiento: me duele porque sucedió. Me duele porque lo conseguí. Me duele y fue real.

El amor terminó porque éramos adolescentes y la adolescencia es esa cosa brutal a la que sobrevivimos apenas. El espasmo de pulmón desapareció también. Pero ambos dolores pasaron a formar parte de mi museo de padeceres a los que sobreviví y me hicieron querer ser bueno.

15

Turkmenistán

Agosto de 2024

¡Sin trabajo arduo, no hay verdadera satisfacción!
Apresúrate, sueña en grande y deja las preocu-
paciones atrás.
Llena tu mente de ideas luminosas,
y mantén el corazón limpio y la mirada serena.

SAPARMURAT NIYÁZOV, *Ruhnama*

Hay gente limpiando las calles constantemente; barren de un lado a otro, tratando de quitarse el desierto de encima como si fuera posible. El hombre jamás podrá controlar enteramente la naturaleza, ni la enfermedad, tampoco la muerte. Y está bien así.

Esa es la primera imagen que se me viene a la cabeza cuando recuerdo Turkmenistán. A continuación, aparece lo espectacular: edificios grandiosos y relucientes, calles impolutas y la ausencia de gente. Me sentía como si, en vez de un país, estuviera visitando uno de esos estudios de cine en Hollywood.

Pero no, me encontraba en uno de los países más inaccesibles del planeta.

Durante el vuelo de ida, me había leído el *Ruhnama*, escrito por Saparmurat Niyázov, el primer presidente del país desde su independencia de la Unión Soviética en 1991. Aquel libro me recordó, en estructura, *El profeta* de Khalil Gibran. Uno de los médicos que me acompañó durante mis días en Turkmenistán me contó que, hasta hacía unos años, su lectura era obligatoria para todo: desde la escuela primaria hasta el juramento hipocrático de los médicos. Era un compendio de reflexiones sobre la amistad, la crianza, el poder y, sobre todo, el amor a la patria: «Debemos postrarnos ante nuestra patria de la misma manera que lo hacemos ante Dios», leí.

El libro daba vueltas obsesivamente sobre la perfección moral. Me pregunté qué pecados escondía el autor en lo más profundo de su mente; la obsesión por el orden y la limpieza suele ser síntoma de algo mucho más interesante que una simple inclinación forzada hacia el equilibrio. Pero me caía bien, el libro era una pura utopía en la que todo el mundo era feliz y las necesidades de todos los ciudadanos estaban satisfechas a todos los niveles.

De Estambul había volado a Ashgabat, la capital de Turkmenistán. Fue todo un contraste; en el aeropuerto de la capital turca me había sentado a tomar un café a una mesa llena de migas de galleta, lamparones de café en la tapicería de las sillas y el camarero que me atendió apestaba a tabaco y ni siquiera me miró a los ojos. También se confundió al cobrarme y la máquina de café dejó de funcionar en algún momento, así que tuve que conformarme con un té. No importaba, la vida era así.

Durante el vuelo noté que, dos asientos más adelante, al otro lado del pasillo, había un hombre que pasaba rápidamente las páginas de un libro, buscando una cita específica. Creo que no la encontró, pero se entretenía en párrafos que parecía disfrutar. Al aterrizar, seguía pasando páginas de un lado a otro. También eso era la vida, pensé.

Al llegar, me recibieron en la zona VIP junto a ese hombre que había llamado mi atención en el avión y que resultó ser el director del hospital en el que iba a operar, además de ser el médico personal del presidente. Era un señor amable y acostumbrado a la sobrecarga tecnológica que nos rodeaba, así que podía permitirse concentrarse en su propio cansancio. Eran las cuatro de la mañana y yo también tenía los ojos cargados de sueño, pero el aeropuerto era un rompecabezas tecnológico en el que todo tenía sentido y no podía dejar de analizar cada detalle. Era una bofetada a los sentidos, teniendo en cuenta el caos del aeropuerto del que provenía. Todos los trámites se resolvieron sin problemas y con rapidez, agradecí eso. Estaba en uno de los países más estrictos del mundo y, sin embargo, sabían disimular la rigidez entre fórmulas de cortesía y cierto grado de amabilidad. Enseguida nos pusimos en marcha: el director del hospital iba a su casa, yo a un hotel elegido por el Gobierno.

Antes de llegar, me explicaron que debían retener mi pasaporte hasta el último día, algo que ya me había ocurrido en Corea del Norte y que, aunque no me hacía ninguna gracia, sabía que tenía que aceptar. En el hotel, internet apenas funcionaba; me quedaban pocas horas para dormir y era consciente de que, al día siguiente, debía estar descansado.

Por la mañana vinieron a recogerme para ir al hospital. Todo el mundo sonreía, como si la sonrisa respondiera a una orden.

Iba acompañado permanentemente de uno o más médicos locales que se esforzaron en hacerme sentir a gusto en todo momento. Había leído que los turistas que lograban entrar al país estaban acompañados de guías que trabajaban para el Gobierno, y no se permitía merodear por la ciudad a solas. Yo no era un turista, había ido a operar, así que supuse que los mismos médicos serían los encargados de asegurarse de que estaba bien vigilado.

Internet también era prácticamente inaccesible desde el hospital. A veces, alguien compartía su conexión conmigo, pero fallaba a cada rato. Me parecía estar viviendo en otra dimensión.

El edificio del hospital seguía el patrón nacional: lujo, modernidad y tecnologización a niveles que saturaban el cerebro por hiperestimulación. Parecía imposible tener una opinión negativa del país; todo era perfecto, todo funcionaba, y todo el mundo era amable. Pero no había gente. Había personas, pero no gente. Los pacientes, que podía contar con los dedos de la mano, esperaban con buen aspecto, como si estuviera prohibido parecer enfermo. «¿La gente sonríe mientras muere?», me pregunté. Los empleados se movían con cuidado, sin hacer ruido al pisar, casi como si levitaran.

Pensé en la película *Big Fish* de Tim Burton, y recordé la escena en la que el protagonista, Edward, llega al pueblo de Spectre: un lugar aparentemente perfecto, casi utópico, con una luz suave envolviendo las casas blancas e impecables. Los habitantes vivían en una especie de eterna tranquilidad, aislados del mundo. Todos sonreían. Todo estaba bien. Pero había algo que no cuadraba.

El vacío era espectacular. Las tiendas, los restaurantes y las calles parecían la escenografía de una película futurista. ¿Dónde está la gente? ¿Qué limpian los que limpian? ¿En qué piensan las personas que barren en Turkmenistán mientras hacen su trabajo? La perfección del lugar me resultaba ligeramente incómoda. No sé si esa perfección era real o no, pero sabía que no era lo que yo quería en la vida.

—Turkmenistán es un país hecho a la medida de lo perfecto —me dijo un médico que parecía estar cargado de eslóganes nacionalistas.

Pensé que, cuando uno se obsesiona con la perfección, acaba cayendo en lo opuesto. Especialmente cuando de vivir se trata. Quiero decir que la vida mancha. La infancia consiste en caer y herirse las rodillas, en poner las manos en los cristales, en el ruido molesto que da valor al silencio. Los jóvenes tienen que aprender la suciedad para luego aprender la limpieza.

Alguien me indicó que teníamos que empezar a operar y me acompañaron a los quirófanos que eran, por supuesto, perfectos; todo estaba en su lugar. Operamos a tres pacientes: fueron las primeras lobectomías realizadas con la técnica uniportal —mediante un solo orificio— en Turkmenistán.

—Nunca he ido a ningún sitio —me contó uno de los cirujanos con los que operaba—. Valoro lo que haces, ese ir y venir constante, pero quedarse en el mismo sitio es también un viaje en sí.

Lo entendía. Me posiciono completamente en contra de la creencia de que el viajero comprende mejor la vida. Mis viajes tienen un objetivo claro, médico, a veces humanitario. Quizá si no fuera cirujano, viajaría movido por la adicción a la adrenalina o mi incapacidad de quedarme en un mismo lugar. Aquel médico, que nunca había salido de su país, sabía de memoria las fechas de la migración de las aves, las señales que indicaban que el viento del desierto anunciaba tormenta, y leía a la perfección las caras de su gente. Por unos minutos, le envidié. Era una envidia buena, nacida de la admiración, y me sentí afortunado de conocerlo.

Yo experimentaba su país como una ficción, un simulacro de perfección. Para él, la perfección era anacrónica.

—Igual me caso con una mujer de aquí y acabo quedándome —bromeé.

—Si te quieres casar con una mujer local, tendrás que pagar unos cincuenta mil euros al Gobierno —me informó sonriendo.

Hice un gesto con la mano como si rechazara definitivamente la idea. De todas maneras, conocer a alguien estaba fuera de toda posibilidad debido a la rigidez gubernamental.

Después de las cirugías, todas concluidas sin complicaciones, me quedé para atender a más pacientes. Una de ellas era la esposa de un médico que padecía cáncer de pulmón. Me pidió que la operara y calculé que aún me quedaba un día, en el que había planeado hacer turismo, pero podría realizar la intervención. Ya habría otra ocasión para visitar el país; lo primero es lo primero.

Dejé todo preparado para el día siguiente aquella noche, y me llevaron a cenar dentro de una tienda de campaña tradicional que me recordó a las que vi en Mongolia. Me gustan las tiendas de campaña porque son temporales, porque hablan de la naturaleza migrante del ser humano. Alguien contaba historias de los nómadas y, entonces, me dirigí al médico que nunca había salido del país.

—Ese es el valor de los nómadas —le dije—, traemos historias de vuelta a casa.

Nos reímos juntos, pero era cierto. Lo mejor que me llevo de cada lugar al que viajo son las historias que me cuentan, las conversaciones dentro y fuera del quirófano, y a veces la incomprensión.

Al día siguiente operé a la esposa del médico. Justo antes de terminar la intervención, entró un cirujano para hablarme de otra mujer que necesitaba una operación que no podían hacerle en el país. Era una conocidísima profesora de universidad y ya había arreglado sus papeles para operarse en Alemania. No tenía tiempo para operarla durante aquel viaje en Turkmenistán, pero no podía dejar de darle vueltas para ayudarla. Al revisar su caso ese mismo día, vi que tenía un tumor maligno. Sabía que podría operarla en Madrid mediante una sola incisión, en Alemania le habían ofrecido la misma cirugía, pero mediante tres incisiones. Habló con su familia y con los médicos locales y aceptó desplazarse a mi país después de ver por sí misma el éxito logrado en las operaciones que había realizado durante aquellos días.

Un mes después, la operé en Madrid y fue un éxito: tenía un cáncer de pulmón en fase inicial. La paciente se fue de alta en veinticuatro horas y pudo volar de vuelta a casa a los diez días. Su hijo aún me mantiene informado: la paciente está bien, no necesita quimioterapia ni otro tratamiento. El tumor era pequeño, de dos centímetros y en fase inicial. No era la primera vez que salía de su país, pero podía distinguir la curiosidad en sus ojos. Me pregunté cómo sería para ella estar fuera de la perfección. Me pregunté si habría ido a los baños de cualquier cafetería en el centro de Madrid. Ella se limitaba a sonreír; su inglés era muy básico, así que era su hijo quien respondía por ella y solo expresaba gratitud.

Podía entender el contraste de universos. Recordé lo que sentí al irme de Turkmenistán para ir a operar a Rumanía: había llovido, y el aire olía a humedad, a árboles y asfalto. Pisé un charco y, sin querer, me salpiqué los pantalones de barro. Sentí alivio por aquella mancha, por la gente en las calles, el olor a comida basura y el exceso de todo.

Uno de los pacientes que tuve nada más llegar de vuelta a Europa se llamaba Andrzej y se quejaba de no tener suficiente aire. Contaba que, de niño, había tragado sin querer agua de mar y se le había ido a los pulmones. Durante la adolescencia, se había saturado tanto de alcohol barato que, en la inconsciencia de alguna borrachera, estaba seguro de que el líquido se le había ido por el camino equivocado y, a eso, le sumaba el no saber respirar adecuadamente cuando se enamoraba.

—Imagínate la de porquería que debo de tener en los pulmones —me dijo.

—No tienes nada, los tienes limpios —le intentaba tranquilizar.

A Andrzej le gustaba oírme hablar sobre mis últimos viajes. Le hablé de Turkmenistán y me escuchó con atención.

—Creo que la neutralidad es una ilusión —me dijo—. O una mentira, o una excusa, en fin, sea lo que sea, esa clase de países proveen una plataforma.

—¿Una plataforma para qué? —quise saber.

—Bueno, los países que no se posicionan políticamente realmente lo hacen; dejan que el mal siga su curso más allá de sus fronteras.

Andrzej me dio, sin saberlo, la clave para seguir pensando sobre Turkmenistán: un país fascinante cuya razón de ser quizá no existía de fronteras adentro, sino de fronteras afuera. Recordé una de las frases que había subrayado del *Ruhnama*: «La vida es amor. Vives en un mundo donde hay amor». Pero no hay nada menos neutro que el amor, nada más discriminatorio que enamorarse. Me encantó Turkmenistán porque era libre de irme, me encantó por sus contradicciones, me encantó por lo que escondía más que por lo que mostraba.

Me llevé como obsequio una alfombra tejida a mano, que la familia de la esposa del médico a la que operé me regaló, y un puñado de preguntas sin respuesta que utilizaría como excusa para volver algún día. *Insha'Allah*, como dicen ahí. Si Dios quiere. Si la vida me lo permite.

16

Ghana / Costa de Marfil

Agosto de 2024

Son las camas las que tienen fiebre. ¡Trabaja!

ANGÉLICA LIDDELL

Soy un hombre lleno de dudas; huyo de las frases manidas, de los dogmas, de lo absoluto. Pero si tuviera que elegir alguna frase de esas que acarrean verdades y que podrían definir fácilmente mi mundo, sería: «Ningún comienzo fue fácil». No es atractiva ni tiene sustancia literaria, pero algunas cosas no necesitan de más preámbulos; son y punto.

Los comienzos son también el fin de un mundo. Después de todo, se trata del final de lo que había antes de ese nuevo empezar, y cuesta, claro que sí. Yo tenía una idea. Una de esas ideas grandiosas que suenan a imposibles. Carecía de la experiencia de cómo iba a conseguir poner todo en marcha, pero sabía que, teniendo a Carla como directora de la fundación, haría que todo, absolutamente todo lo que nos propusiéramos, fuera posible. Carla sabe allanar los caminos, buscar rutas alternativas cuando todo se trunca. Siempre tiene la esperanza como bandera; no me refiero a ese tipo de esperanza barata de quien desea esperando que las cosas caigan del cielo; ella sacrifica horas de sueño para que nuestros proyectos se materialicen.

El viaje había comenzado muchos meses antes de subirme al avión con rumbo a Acra. La idea de crear una unidad móvil es la culminación de años de frustraciones; he perdido la cuenta de la cantidad de operaciones que he tenido que cancelar en el último momento por no contar con los medios necesarios. En 2022, viajé a Burundi, donde me enfrenté a casos complicadísimos que logramos salvar gracias a la experiencia, a pesar de las pésimas condiciones del quirófano. Hubo un caso que no pude operar, y se me quedó como una espina en el lugar donde descansa la conciencia, que debe estar por ahí, en las entrañas. Se trataba de una niña con cáncer que podría haber salvado de haber estado en otro país, con otras circunstancias. Pero no podía arriesgarme a operarla allí, sabiendo que ni siquiera podíamos ofrecerle el posoperatorio en las condiciones que requeriría su caso.

Durante todos estos años operando en África, han sido incontables los momentos en los que he tenido que modificar la cirugía; en vez de continuar la intervención a través de un orificio de tres centímetros, me veía obligado a abrir al paciente por falta de material o problemas técnicos. Me pregunté qué hubiera pasado si pudiera controlar las variables, si pudiera tener mi propio quirófano. Pensé que, entonces, aumentaría el número de casos que podría operar, que podría dejar de preocuparme por elementos externos, y que podría también llegar a lugares en los que este tipo de cirugías son inviables hoy en día.

Siempre vi clarísimo cómo sería el camión-quirófano. No se trataba de un sueño o de una posibilidad; podía cerrar los ojos y describirlo, centímetro a centímetro. Carla comenzó a organizar eventos para conseguir fondos y empezar a financiar el proyecto. Nunca tuve dudas de que lo conseguiría, pero me sorprendió que, en muy poco tiempo, ya teníamos instituciones y empresas de gran calibre apoyándonos. Además de la aportación de grandes empresarios, disponíamos de la ayuda de muchísima gente, entre ellos jubilados que podían aportar dos, tres, cinco euros al mes y que hicieron que pudiésemos materializar la unidad móvil y así, en septiembre de 2023, ya estábamos buscando proveedores y constructores.

Los meses que siguieron no fueron fáciles para nadie, especialmente para Carla, que tuvo que manejar desde los problemas burocráticos hasta los más técnicos. Yo viví todo el proceso desde los quirófanos de la parte del mundo en la que me encontrara en ese momento. La llamaba casi a diario, y ella compartía conmigo los avances y las frustraciones. Los tiempos y procedimientos a veces se ralentizaban, y no se llegaba a la fecha planeada. No llegar a tiempo a las cosas es algo con lo que soy poco tolerante.

Fue en enero cuando comenzaron a ensamblar la unidad móvil. La selección del constructor había sido problemática; las empresas que barajamos tenían mucho interés en trabajar con nosotros. El problema es que la ambición, en ocasiones, deja entrever el lado más miserable de los seres humanos, y tuvimos que hacer frente a algunas tesituras incómodas. Carla tuvo que gestionar situaciones que llegaban incluso a ser amenazantes, pero nosotros trabajamos por encima del miedo y, aunque apostamos por calidad, precio y experiencia, nuestros estándares se rigen por un valor esencial: la ética. Las amenazas no entran dentro de lo que jamás podríamos aceptar,

Mi estilo de vida funciona porque soy riguroso cumpliendo con mi calendario; sabía que necesitaba empezar a planear la primera misión con el camión y, hablando con Carla, pensamos que probablemente podríamos cerrar las fechas para abril. Pecamos de ingenuos, lo reconozco; no teníamos aún la menor idea de lo que se nos venía encima. Pero tenía una fecha: abril. Y tenía un país: Ghana.

¿Por qué Ghana? Después de un exhaustivo análisis para determinar cuál era el país ideal para que la unidad móvil estuviera estacionada de forma continua, es decir, un lugar en el que poder establecer un centro de operaciones y al que la unidad móvil pudiera regresar tras moverse por diferentes lugares de África, llegamos a esta conclusión. La ciudad elegida tendría que contar con un concesionario o taller de Mercedes que nos ofreciera cobertura y, además, un puerto para poder hacer los envíos de material y consumibles de una manera más económica, o sea, por vía marítima, ya que el envío aéreo es bastante costoso. El equipo de la fundación había pasado meses analizando los últimos cuatro años de algunos países que nos parecían atractivos: situación política, riesgos, existencia de un puerto marítimo y experiencia en relaciones internacionales con Europa. La ciudad de Acra, en Ghana, fue la que más seguridad nos brindaba.

Lo bueno de haber viajado tanto es que en cada puerto tengo un amigo. En Ghana conocía a Samuel, un cirujano de Acra que había estudiado en Santiago de Compostela y que recientemente había contactado conmigo para organizar algo en su país. Le llamé y le hablé de nuestros planes. No tardó ni un segundo en entusiasmarse con la idea, y me recomendó que contactara con el Greater Accra Regional Hospital, uno de los mejores de Ghana, donde él trabajaba. Se comprometió a buscar él mismo pacientes que necesitaran una operación urgente, y me aseguró que todo saldría bien; él tenía contacto directo con el ministro de Salud y con el director de la Dirección General de Salud del país. Todo parecía ir viento en popa; teníamos buen ánimo para encarar la pesadez burocrática que se nos venía encima.

La forma de establecer la colaboración entre el hospital y la unidad móvil tenía que hacerse mediante un convenio que estableciera que ellos aceptaban la unidad móvil como una donación temporal para evitar los impuestos, que según el valor de la unidad móvil rondarían los 250.000 dólares. La única manera de evitar este pago era la donación temporal a la Dirección General de Salud de Ghana. Ellos se encargarían de cuidar la unidad móvil en un recinto vigilado y proporcionar seguridad. Nos ofrecían absolutamente todo. Pintaba demasiado bien.

Esto fue en febrero. Los convenios estaban firmados por nuestra parte, y esperábamos la suya. El tiempo en Ghana no entiende de urgencias, y el plan de estar operando en abril se iba desvaneciendo. A pesar de que la unidad móvil se encontraba lista para iniciar su viaje por mar, no podíamos enviarla sin tener el convenio firmado.

Carla me llamó un día para informarme de que la unidad móvil no estaría lista para los días que queríamos operar en abril. No solo porque los convenios estaban sin firmar, sino porque la cabina tractora acababa de llegar y la empresa necesitaba unos dos meses para ensamblarla. Sé lo difícil que es para

Carla compartir ese tipo de noticias conmigo. Respiré, a veces la vida tiene sus propios ritmos, lo sé, lo sé, pero ¡qué difíciles son esos frenazos vitales! Cambiamos la fecha de la misión para principios de junio y seguí adelante.

No podía quedarme parado; cancelar los planes supone que hay muchos pacientes que podría estar operando y que se quedarían en espera. Me movilicé y aproveché ese tiempo de espera para ir a operar a Costa Rica.

A la vuelta, quedé con Carla en Madrid para desplazarnos a Zaragoza y ver por primera vez la unidad móvil. Parecíamos dos críos la noche de Reyes. Hacía apenas un año de la inauguración de la fundación en A Coruña. Un año. ¡Cuántas cosas pueden ocurrir en un año! En el bolsillo de la chaqueta encontré el último caramelo de mandarina de aquellos que cogí de la recepción del hotel de Shanghái antes de irme, sin saber que no volvería por mucho tiempo debido a la pandemia. Entonces aquello me pareció una suerte de maldición. Cuando estuve frente a frente con la unidad móvil, en Zaragoza, supe que aquellos años en los que el mundo se cerró herméticamente fueron esenciales para llegar a este punto. El caramelo estaba caducado; lo abrí y lo tiré a la basura, pero guardé el envoltorio en mi cartera.

La unidad móvil no estaba completamente terminada, pero ARPA, la empresa especializada en equipos móviles de campaña militares y de emergencia, hizo todo lo posible para enseñarnos ejemplos de cómo quedarían los anclajes y el material una vez acabada. Me imaginaba la cantidad de pacientes que hasta este momento no habíamos podido operar por falta de medios y que por fin tendrían una oportunidad. Me imaginé cuántos de mis amigos y compañeros se unirían a nuestras misiones. Una vez más, mi mantra había arrastrado consigo al mundo real: imposible era nada.

Durante la vuelta a Madrid, ese mismo día, no paramos de hablar sobre los proyectos que teníamos por delante y sobre Ghana. Ghana iba a ser emocionante. Nuestros anhelos iban a la velocidad de la luz, pero las cosas sobre el terreno avanzaban a otro ritmo. Samuel, el cirujano local, propuso que, si queríamos acelerar la burocracia, tendríamos que plantarnos allí. Carla no lo dudó ni un segundo; viajó con la intención de no irse de allí hasta que no tuviera todo firmado y listo para comenzar la misión.

Gracias a Hamza, mano derecha del director general de Salud en el país, Carla consiguió resolver cada dificultad que se presentaba, dejar todo preparado en el hospital y conseguir el material que, por nuestra parte, no llegaría a tiempo. Se reunió con el embajador de España en Ghana, don José Antonio, dispuesto a ayudar en la misión, y después de una espera larguísima, logró reunirse con el ministro de Sanidad por videollamada. Todo parecía haber salido bien. Demasiado bien, demasiado fácil. Carla tuvo la necesidad de volver a releer el convenio y entonces se dio cuenta de que lo habían modificado: en vez de comprometernos a una donación temporal, la nueva versión especificaba que habíamos hecho una donación completa, lo cual era inconcebible. Fue un frenazo en seco. Nuestro abogado mercantil, Samuel, nos aseguró que haciendo una donación temporal por seis meses no tendríamos que pagar ningún impuesto, y así cerramos el acuerdo. Sin embargo, teníamos el presentimiento de que las cosas no estaban tan claras como parecían. Seguir adelante era un ejercicio de fe; un creer que todo iba a salir bien.

Cuando la unidad móvil salió de Zaragoza a Madrid, nos dimos de bruces con otro problema: el camión no tenía permiso de circulación, así que tuvimos que gestionar un seguro carísimo para que llegara a la capital. A esas alturas ya estábamos conteniendo la respiración. Aquel viaje fue de vital importancia para nuestra fundación; el camión iba a presentarse en el programa de televisión *El Hormiguero*. Pablo Motos ayudó a darle visibilidad al proyecto planeado en África, y tuvo una repercusión tremendamente positiva, no solo a nivel de visibilidad, sino de ánimo. Tras la presentación, el camión fue a Barcelona para embarcar a Ghana, en medio de esos nervios colectivos que compartíamos todos los que estábamos involucrados en el proyecto. Tuvo que ir desmontado; parte del camión salió el 8 de mayo y el resto en un contenedor el día 17. Tuvimos problemas con el envío del material y de la medicación. Carla sentía que se aprovechaban de nuestra urgencia y el presupuesto no dejaba de subir. De nuevo, la fecha que teníamos prevista para operar, el 5 de junio, parecía estar bajo amenaza. Tras varios intentos y plantearnos incluso mandar el contenedor por vía aérea, tuvimos que cancelar la misión de junio. Otro traspié.

Volvimos a tomar aliento y reprogramamos para la primera semana de agosto. Aun así, hubo problemas técnicos con el envío aéreo del material quirúrgico y de la medicación, por falta de espacio en el avión y debido a que la documentación estaba incompleta.

Sé que Carla lloró muchísimo de frustración durante todos esos meses que pasó luchando contra gigantes institucionales para que todo saliera bien, dándose de bruces una y otra vez contra imposibles. Mi frustración era obvia también, como la de veinte personas más que andaban reajustando sus agendas en función de los avances y cancelaciones de la misión.

—Hay mucha corrupción en África y uno no puede confiar en que haciendo las cosas bien es suficiente —me decía Samuel, el abogado, en ocasiones.

—Ya, ya lo sé —contestaba yo.

Pero el saberlo no ayudaba.

Cada dificultad es una pieza más del éxito; a estas alturas de mi vida sé que los fracasos y las dificultades han sido el motor de todo lo bueno. A veces, sin embargo, no sé qué hacer con tanto cansancio. Dónde ponerlo.

Seguíamos avanzando, poco a poco. Estábamos a punto de embarcarnos en la gran aventura de mi vida y tenía miedo de que no saliera bien. Los ingenieros de ARPA llegaron a Ghana cinco días antes que nosotros, para ensamblar la unidad móvil y dejarla a punto. Durante esos cinco días tuve muchas dudas; creo que uno no puede abordar un proyecto de semejante envergadura sin temblar. Temía que el proyecto se convirtiera en una idea mitológica. Un camión-quirófano recorriendo África es una imagen atractiva, pero yo quería que fuera útil. Los medios ya se hacían eco del avance sin precedentes en la historia de la cirugía mínimamente invasiva. Mostraban la unidad móvil coronada con ese halo de proyecto pionero. Yo estaba orgulloso pero aterrado. Que el proyecto sea espectacular no me vale. No me vale la admiración, no quiero la fama. Quiero que mis proyectos sean sostenibles y útiles. Quiero que lo que hago repercuta en otras personas; que haya miles de cirujanos en el mundo enseñando a más cirujanos. Que los pacientes se beneficien en cualquier lugar remoto. Repito esto en cada viaje, lo sé, porque esos son los cimientos.

Emprendí el viaje emocionado pero inseguro ante los silencios burocráticos, las esperas, la ambigüedad. «África es tremendamente complicada», seguían repitiéndome en forma de consuelo. ¿Qué queremos decir cuando decimos que algo es complicado? ¿De qué huimos? ¿Qué validamos? ¿Cómo puede catalogarse un continente entero de complicado? No es lo mismo Sudáfrica que Sudán. No me valía, necesitaba ir a lo concreto.

Aterrizamos el domingo. Iba acompañado de Radu, el anestesista del Hospital Vithas en Aravaca, y de María y Belén, dos enfermeras que han sido mi compañía, mi referencia y mi apoyo desde que empecé con la cirugía mínimamente invasiva en A Coruña allá por 2010. Me sentía arropado por ellos. En el país iba a encontrarme con más amigos, esenciales en mi vida, que habían decidido unirse sabiendo lo importante que iba a ser para mí. Carla se había quedado en España como apoyo logístico desde allí, pero estaba constantemente pendiente de que no nos faltara nada.

La euforia de la llegada duró poco. Enseguida me anunciaron que los suministros que habían salido por vía aérea no llegarían a tiempo. Se trataba de material fundamental: respiradores, grapadoras quirúrgicas, medicación. ¿Cómo íbamos a operar así? Nos prometieron que llegarían en las siguientes horas, pero entonces tuvimos que pelearnos con la aduana. Fueron muchos quebraderos de cabeza, muchas horas perdidas en oficinas frías que olían a septiembres europeos; el olor a folios, a libros sin abrir y a tinta inundaban salas somnolientas en las que los trabajadores parecían no entender nuestra urgencia.

—Miren, necesitamos el material para operar a pacientes programados para este mismo lunes —trataba de explicarles.

—Podéis operar el martes —contestaron con una parsimonia insoportable.

Así fue; hasta el martes no pudimos tener el material en nuestro poder. Un retraso más.

El lunes por la mañana nos llevaron a buscar la unidad móvil al puerto. Para llegar allí, atravesamos un mercado de verduras y frutas. Apenas presté atención a esa mezcla de colores y olores que siempre conseguían retenerme algunos minutos más de la cuenta en las calles; tenía ganas de llegar al camión. Habían sido demasiados meses de angustia y nervios, de buenas y malas noticias. Había anticipado ese momento mil veces en mi mente; por fin iba a suceder. Ya estábamos allí y quería llegar lo antes posible, comenzar y que todo fuera bien. ¿Es la anticipación una forma de oración?

Aquel puerto de Acra era un lugar fascinante, a pesar de ser moderno. Había un hombre anciano vendiendo *kelewele*, pedazos de plátano frito sazonados con especias. Nos ofreció una bolsa y, con gran pesar, tuvimos que decir que no; no podíamos correr el riesgo de enfermar. A la negativa le siguió otra oferta.

—¿Qué tal un paseo en barco?

No teníamos tiempo, pero eché un vistazo a una embarcación pequeña y vieja que contrastaba con los barcos cargueros inmensos atracados en el puerto. La embarcación se llamaba Collon.

—¿Collon? —pregunté.

—Sí —contestó orgulloso—. Como el hombre que llegó a América. Un día voy a navegar hasta América con mi barco, ya lo veréis, ya lo veréis.

Sonreí y logré olvidar por un momento todas mis preocupaciones.

De pronto la vi: la unidad móvil estaba allí. Estábamos en África, no podía creerlo. La trasladamos directamente al Greater Accra Regional Hospital, donde la estacionamos, con dificultad pero con éxito, cerca de la salida de urgencias, para facilitar el acceso de los pacientes.

Fue un día bonito; el trabajo resultó arduo, había que montar los quirófanos dentro del camión, preparar el material para esterilizar, desmontar y montar todo, probar las cámaras, y asegurarnos de que todo funcionara correctamente. Todos teníamos una labor, y trabajamos sin descanso hasta que todo estuvo listo. Por la tarde, tuvimos una reunión con el embajador de España, quien nos recibió amablemente y conversamos sobre el proyecto. Se trató de un encuentro muy apaciguador, muy agradable; fue como recargar energías en casa. Así que cuando después de eso volvimos al hospital para ver a los tres pacientes que íbamos a operar, me sentía bien.

Uno de los cirujanos generales de allí, que llevaba meses eligiendo pacientes, había seleccionado tres casos: un paciente con un neumotórax recurrente, otro con un aspergiloma, y uno más que había recibido quimioterapia por un tumor complejo. Estaba en la habitación de los pacientes con los amigos que habían venido conmigo desde España, pero también me acompañaban Souheil, con el que compartí aquella última cena en Argelia mientras los bordes del mundo se cerraban; Husam, que me guio en Libia, y Tom, que me acompañó en Liberia y Sierra Leona. No puedo expresar el orgullo que sentí al verlos a todos allí. Estaba exhausto, pero sentí que era la persona más afortunada del planeta.

Durante la cena, me acordé del puerto y de aquella pequeña embarcación llamada Collon. La mayoría se había retirado ya a dormir y los que quedábamos charlábamos de cosas que no tenían nada que ver con nuestra profesión. Les hablé de un libro que había terminado de leer recientemente titulado *A orillas del mar* de Abdulrazak Gurnah. El autor describía una escena poderosísima que integré a mi imaginario de fragmentos literarios y musicales que funcionan como brújula cuando no encuentro salida en la realidad y tengo que recurrir a ese universo referencial. En esa escena, un profesor habla sobre el viaje de Colón, calificándolo de hazaña imposible. Les cuenta a sus alumnos una leyenda de dudosa verosimilitud que relata el momento en el que Colón tomó un huevo y preguntó a los presentes si alguien sabía cómo hacer que se mantuviera erguido sin ningún tipo de apoyo. Ninguno lo logró, así que Colón golpeó la base del huevo duro para aplanarla y conseguir así que se mantuviera derecho sobre la mesa.

—A veces las cosas parecen imposibles, solo hay que hacerlas para probar que no lo son —les dije a modo de buenas noches.

El martes comenzó en el más absoluto caos. Había que operar lo más temprano posible; ya llevábamos un día de retraso y no podíamos cancelar operaciones. Parte de la mercancía seguía retenida en la aduana por falta de documentos y yo estaba desesperado, lo reconozco. No imagináis cuánto esfuerzo habíamos puesto Carla y yo para asegurar que todo iba a estar bajo control; al final no logramos liberar la mercancía a tiempo. El hospital nos salvó al prestarnos los materiales que nos faltaban para poder avanzar, pero claro, ya no era lo mismo; no eran nuestros materiales, teníamos que adaptarlos. Además, fue un gran revés saber que no podríamos salir hacia Costa de Marfil el jueves, como estaba planeado.

A pesar de todo, el mismo martes por la tarde logramos realizar dos cirugías. La primera fue una operación difícil en una paciente con un neumotórax recidivante. Operamos del lado izquierdo y, aunque todo estaba pegado y la cirugía fue muy difícil, la completamos con éxito. Los pacientes llegaban al camión con una rampa; era bonito verlos entrar nerviosos y ver cómo se los llevaban de vuelta al hospital después de una operación exitosa. Al segundo paciente le realizamos una resección completa del aspergiloma en los segmentos uno, dos y tres. Fue también un éxito; pese al caos que nos rodeaba, tenía la seguridad de que los pacientes iban a recuperarse sin problemas. Terminamos exhaustos, casi a las diez de la noche, y fuimos a descansar. En mi habitación pensé que, a pesar de las dificultades, a pesar de tener que pedir que nos trajeran el respirador del hospital y a pesar de la ansiedad constante que sentía debido a las interferencias de la burocracia, los pacientes estaban bien. Al final, todo eso que estábamos haciendo solo tenía un objetivo: curar. Me dormí en la tranquilidad de ese pensamiento y deseé muy fuerte —tan fuerte que el deseo parecía casi un rezo— que todo fuera volviéndose un poquito más fácil.

El miércoles por la mañana pasamos todo el tiempo gestionando la salida del material de la aduana para operar al tercer paciente, que tenía un tumor muy complicado para el que necesitábamos nuestras herramientas. La operación estaba planeada para las tres de la tarde y yo no podía concebir que tuviéramos que dejar a un paciente sin operar a causa de problemas con el papeleo. La situación llegó hasta tal punto que el director del hospital tuvo que hablar con el ministro de Sanidad, y este habló con el presidente del país. Todo eso para poder operar un cáncer. ¿Lo podéis imaginar? Terminamos consiguiendo el material, claro, pero desafortunadamente al realizar la broncoscopia nos dimos cuenta de que el tumor había crecido tanto que hacía imposible realizar la cirugía. Tampoco contábamos con una espirometría previa, lo que añadía más problemas a una cirugía que de por sí acarreaba un riesgo altísimo. Me senté al lado del paciente para explicarle que no podíamos operar.

—¿Y ahora qué? —me preguntó.

¿Ahora qué?

No era necesario decir nada. En aquel país, con las condiciones presentes no podía hacerse mucho más.

No tenía tiempo, debía preparar toda la mercancía para salir de viaje a Costa de Marfil donde nos esperaban más pacientes. Sin embargo, me quedé ahí, sentado a su lado.

—Bueno, no creo que la muerte sea mucho más dolorosa que la vida, ¿verdad? —me preguntó.

No dije nada. Le sonreí.

—Gracias, doctor, por intentarlo —prosiguió—. Gracias, sobre todo por quedarte a mi lado este rato —añadió.

Entonces me levanté, le di la mano y me deseó buena suerte.

Tomé dos minutos para desempañarme el alma y me apresuré a unirme al equipo de técnicos, ingenieros y médicos que estaban ya empacando todas las pantallas, asegurándolas con cinchas y colocando todo en su sitio para el viaje. No imaginé que nos fuera a tomar tantas horas. Recuerdo que al final tuvimos que forzar la parte trasera del camión para que cupiera todo. Recuerdo que las botellas de Betadine iban a presión y no quise ni imaginar lo que pasaría si aquello estallaba. Acabamos muy tarde ese día, a las doce de la noche, y al día siguiente, a las cinco de la mañana, ya estábamos saliendo hacia Costa de Marfil. El camión había emprendido la marcha dos horas antes; pretendíamos encontrarnos por el camino.

El jueves planeábamos llegar a Costa de Marfil a las ocho de la noche y operar a uno de los pacientes de inmediato. Al segundo paciente le operaríamos el viernes a primera hora, para después ir al aeropuerto a la una de la tarde para regresar a Ghana, ya que nuestro vuelo de vuelta a España salía ese mismo viernes a las once de la noche.

Las carreteras infernales, los controles militares y los problemas con el remolque de la unidad móvil convirtieron el viaje en una verdadera odisea. ¿Podéis creer que hasta la rueda del generador reventó en medio del camino? Fueron doce horas por carretera en las que los nervios me impidieron disfrutar de los poblados que íbamos dejando atrás. El cielo estaba plomizo; había leído que en agosto Ghana se cubre de nubes. No llueve, no hace frío, pero el cielo está gris. El tiempo hacía juego con mi ánimo. Íbamos doce personas en una furgoneta sin espacio suficiente. A todos nos acabó doliendo el cuerpo, pero en el fondo agradecía tener a mi gente ahí. Cerraba los ojos y escuchaba sus conversaciones y sus comentarios que me hacían ser consciente de la suerte que tenía de estar tan bien rodeado.

El conductor notó que andaba cabizbajo e intentó sacarme de mi ensimismamiento. Iba anunciando todo lo que sucedía. «Una vaca», decía justo cuando pasábamos junto a una vaca. «Niños vendiendo palomitas» o «la carretera parece nueva» o «el coche de delante tiene una pegatina de un caracol veloz». También compartió conmigo que le dolía la cabeza, que estaba cansado, que tenía hambre, que era feliz. De pronto se quedó callado diez minutos y entonces me miró de reojo. «A partir de este momento somos amigos», me anunció.

Y, antes de que pudiera procesar su último anuncio, llegamos a la frontera. Todo eran dificultades y las operaciones en Costa de Marfil parecían cada vez más lejanas de hacerse realidad. «Las fronteras las habéis traído los blancos —bromeó el conductor—. Ahora tenéis que lidiar con las consecuencias». Yo no estaba para bromas. Acabamos retenidos durante cuatro horas porque supuestamente había problemas con la documentación. Lo típico en las aduanas: querían dinero. El conductor, que se había autoproclamado amigo minutos antes, resultó ser un ladrón. Nos había asegurado que el precio que habíamos pactado era elevado porque tenía un permiso internacional para cruzar la frontera; no era así y nos dejó tirados. Tuvimos que llamar a la policía para intentar resolverlo, pero todos sabemos que la policía es uno de los cuerpos más corruptos en muchos países africanos, así que no hubo manera de recuperar el dinero.

Ahí estábamos; en la frontera, sin saber si el camión conseguiría pasar la aduana y sin transporte. Cruzamos la frontera a pie y una vez en Costa de Marfil tuvimos que hacer malabarismos para alquilar otro coche con el que recorrer cuatro horas más hasta Abiyán. Llegamos a la una de la madrugada, agotados y tristes. Tristes porque sabíamos que el esfuerzo había sido en vano; no íbamos a poder operar, debido a la falta de tiempo y a las condiciones adversas: la aduana había puesto muchos problemas y el camión tenía que volver a Acra. Fue una decisión muy dolorosa.

El viernes a las ocho de la mañana fuimos al hospital a hablar con los pacientes y explicarles la situación. Les prometimos que regresaríamos en otra ocasión para realizar las cirugías. Sabía que era una promesa vacía; volveríamos, pero serían otros pacientes a los que operaríamos. Mi vida a veces consiste en una lucha contra mí mismo. Dudo constantemente, porque quiero que mis acciones no dañen. Soy consciente de que a menudo las buenas intenciones dañan, es un hecho. No es suficiente con querer hacer el bien en este mundo. Hay que saber hacer el bien. Manejar el bien es un millón de veces más complicado que hacer el mal.

De camino al hospital, habíamos tenido otro percance: al ir a echar gasolina, el conductor maniobró mal mientras daba marcha atrás. El cansancio me pesaba en los párpados, pero de pronto escuché un crac y vi cómo se quebraba el remolque donde estaba el generador. El cansancio dejó paso al pánico y al enfado. Cada vez que recuerdo el estruendo mis músculos reaccionan como si volviera a vivir ese momento. Imaginad la angustia que sentimos al pensar que el remolque tendría que viajar un montón de horas de vuelta a Ghana en ese estado. Estábamos preocupados por si se rompía durante el viaje y se quedaba tirado en medio de la carretera. Por suerte, el remolque aguantó todas las horas de vuelta, horas que pasé con el alma en vilo, imaginándome el peor de los desenlaces.

La odisea no acabó ahí; cuando me dirigí a pagar la gasolina resultó que la tarjeta no funcionaba. No podía ser. Nos dijeron que había un banco a diez minutos, que podíamos ir a sacar dinero en efectivo. Souheil y yo corrimos como si nos persiguiera el mismísimo demonio; no teníamos apenas tiempo para ir al hospital a dejar el camión y salir hacia el aeropuerto. Tampoco funcionaba. No me lo podía creer. Nos dijeron que había otro banco a otros diez minutos. Souheil y yo nos miramos y sin dudarlo seguimos corriendo. Suena a broma, ahora que lo pienso; en el segundo banco tampoco pudimos sacar dinero y tuvimos que correr a un tercer banco en el que nos encontramos una cola de más de diez personas esperando. Mientras recuperábamos el aliento calculamos el tiempo que teníamos para llegar de nuevo a la gasolinera, pagar e ir al hospital y nos dimos cuenta de que no era el momento de respetar turnos. Hablamos con la encargada, le explicamos la situación y hasta le enseñamos fotos de la unidad móvil para convencerla de que nos atendieran de inmediato. Lo habíamos conseguido. Pudimos pagar y pudimos llegar al hospital.

Pero los desastres se nos amontonaban; tampoco tuvimos tiempo de mostrarles la unidad móvil por dentro a los cirujanos locales, ya que estaba dañada tras el accidente con el remolque, y no queríamos abrir nada porque no teníamos tiempo para reparar y colocar todo de nuevo. El Betadine que habíamos encajado malamente en la parte posterior del camión al final reventó. Podíamos ver el líquido rojizo-amarillento saliendo por las ranuras de las puertas hasta el suelo, parecía de película de terror.

Abracé a mi amigo Souheil, que se quedaba un día más en Costa de Marfil para controlar que el camión se ponía en marcha rumbo a Ghana sin problemas, y me dirigí con el resto de los compañeros al aeropuerto con el tiempo justo para no perder el vuelo.

Todo iba de mal en peor; a la hora de embarcar nos dijeron que nuestro visado a Ghana era de una sola entrada. Tras muchas llamadas y gestiones, logramos obtener otro visado en el último momento y coger el vuelo, pero la ansiedad que sentía y la opresión en el estómago ya no me las quitaba nadie. Justo antes de conseguir embarcar, Souheil y el conductor me llamaron para avisarme de que no lograban sacar el camión del parking del hospital, que estaba encajado y que no había manera. Después de rayar uno de los laterales de un extremo a otro contra un árbol, lograron salir. Y nosotros logramos llegar a Ghana con los nervios de punta. Pudimos volver a casa sin más contratiempos, quiero decir, ya habíamos tenido suficiente. No creía poder tragar más frustración.

Después de todo esto, fui invitado al programa *La Revuelta* para hablar de la misión de la unidad móvil. Durante el programa, conectamos en directo con uno de los pacientes, Amos, que poco antes me había mandado una carta muy emotiva en la que me contaba cómo la cirugía que le habíamos practicado en Ghana le había cambiado radicalmente la vida. Decía así:

Durante mi servicio militar en Sandema, distrito de Builsa, en la Región Superior Oriental de Ghana, entre los años 2009 y 2010, desarrollé una grave enfermedad que me provocaba vómitos de sangre continuos. Esto afectó gravemente a mi vida durante más de catorce años. No se imagina la cantidad de dinero que he gastado en pruebas médicas, estancias en hospitales y consultas con varios sanadores espirituales y tradicionales. Aun así, no podía dar con una solución.

En abril de 2024, después de una semana de vómitos continuos, mi estado empeoró significativamente y fui trasladado de urgencia al Centro Médico de la Universidad de Ghana. Recibí siete unidades de sangre y, gracias a Dios y a la excelente atención del equipo médico, sobreviví. Después de varios exámenes, me diagnosticaron un aspergiloma que afectaba al lóbulo superior de mi pulmón izquierdo y se determinó que la cirugía era el único remedio.

Cuando me informaron de que la cirugía costaría 4.500 dólares, una cantidad que no podía pagar, me sentí desesperado. Sin embargo, Dios intervino a través de usted y su equipo. La coordinación entre los equipos médicos del UGMC y el Hospital Ridge consiguió que viniera usted desde España para realizar la cirugía gratis. No podía creer que alguien tan importante pudiera operarme sin pedir nada a cambio.

Ahora estoy sano y libre de la enfermedad que destrozó mi vida durante más de catorce años, y todo es gracias a usted, doctor Diego González Rivas, y su extraordinario equipo. Estoy profundamente agradecido por su entrega, su experiencia y el cuidado excepcional que me brindó. Usted me ha dado una nueva oportunidad de vida y siempre estaré agradecido.

Gracias una vez más por su amabilidad, generosidad y dedicación a sus pacientes. Usted es una bendición, y estoy eternamente agradecido.

Suyo fielmente,

AMOS APPIAH DIAW

Estas palabras fueron una catarsis para mí. Había sufrido tanto durante aquel viaje que necesitaba la evidencia de que había servido de algo. Todo estaba bien.

En cuanto a la misión, me quedé con la sensación de que lo único imposible es lo que no se intenta. Habíamos demostrado que el proyecto era factible, pero nos habíamos encontrado cara a cara con el gigante que es la corrupción, que bebe de los derechos de los ciudadanos.

—La corrupción es una mandíbula que traga todo lo que se

encuentra a su paso. Si no comes, te come —me dijo uno de los médicos tratando de convencerme de que fuera flexible con la forma de hacer las cosas.

—No —contesté con seguridad.

Prefería aceptar el hecho de que la idea de la unidad móvil fuera falible y aprender de los errores cometidos a dejarme comprar. Encontraríamos la manera de lidiar con fronteras y burocracia, estaba seguro. De momento, la unidad móvil se quedaba prácticamente secuestrada, sin poder salir de Ghana hasta que pudiéramos urdir algún plan que la sacara de allí.

La pandemia me había enseñado que era importante parar para dejar espacio a la creatividad. Empecé en ese punto y volvía a encontrarme allí después de años trepidantes. Uno acababa aceptando que el caos era también uno de los estados naturales de este mundo y que a veces las cosas no salen siempre como uno las ha planeado; y eso es vida.

Hubo un momento en el viaje en el que nos encontramos todos en una furgoneta sin casi espacio para respirar. Alguien reía no pudiendo creer lo esperpéntico de la situación. En ese instante, miré a mis amigos, había salido el sol brevemente. Tenía la misión desmadejada entre las manos, pero saberme rodeado de tanta gente buena me ofrecía una absolución de toda la frustración acumulada. Me sentí pleno; acepté lo que había salido mal, agradecí lo que había salido bien. Pasara lo que pasase, tenía una vida que amaba y unos amigos que me hacían creer que todo era posible. Ellos eran la razón de mi fortaleza, y ahí estaban, viajando conmigo.

Fui consciente de que mis logros no habrían sido posibles sin la gente que me ha acompañado en el camino, desde mi familia hasta mis colegas, amigos y conocidos que mantienen vivas mis técnicas quirúrgicas en sus países de origen. Hace poco supe que Yasser El Sayed, cirujano torácico en El Cairo, habla de mí en sus clases para inspirar a sus alumnos a tener un impacto real en la medicina de su propio país, para que quieran ser mejores y derriben desde dentro la creencia colonialista de que todo fuera de sus fronteras es mejor. En el mismo país, en Asiut, Hussein Elkhayat, también profesor y cirujano torácico, habla sobre el «Efecto González en la cirugía», que no es más que la responsabilidad que tenemos como científicos de ser generosos a la hora de compartir técnicas y conocimiento. De llegar lejos.

Siempre que viajo lo hago acompañado de cirujanos locales de los que aprendo muchísimo. Recuerdo a Norberto Santana en Arabia Saudí y sus ganas de cambiar el mundo, su valentía y su sentido de la ética, que antepone a cualquier interés personal. Pienso en Ivan Schewitz, que es mis ojos en el continente africano y cuya sabiduría es luz en mi camino. Por supuesto, mi carrera estaría incompleta sin Mugurel Bosînceanu, en Rumanía, quien ha confiado plenamente en el futuro robótico de la cirugía uniportal y ha puesto a mi disposición un espacio para entrenar a nuevos cirujanos. Además, me ha regalado su confianza y su amistad.

Estoy hecho de todos esos cirujanos locales que son a veces una compañía puntual y otras, se quedan en mi vida como amigos. A todos les debo mi gratitud infinita por su tiempo, su energía, por abrirme las puertas y confiar en mí. Mi camino no es solitario; estoy rodeado de grandes mentes y, sobre todo, de grandes corazones.

17

La vuelta a China

Marzo de 2023

Hace mucho que partimos
los días del año se terminaron
hablábamos de volver
y ¿no ha pasado otro año?
Pienso en mi gran soledad, ay
y en mis muchos trabajos [...].

«Cantos menores»,
Libro de los cantos

Pasaron tres años antes de que pudiera volver a China. La poesía de las diferentes dinastías del gigante asiático sabe a melancolía, a desarraigo, a penas del corazón y a kilómetros atravesando la carne y el alma. La poesía china es un acta fundacional de esa tierra y yo me refugiaba en ella para explicar lo que mis palabras no alcanzaban a nombrar. Tenía un libro que me había regalado un paciente antes de la pandemia; yo le había salvado la vida y él me pagó con poesía. No hay justicia más grande.

Aterricé en Shanghái como si no hubiera ocurrido nada. Como si ese terror que sentí al perderlo todo, mientras una a una se iban cerrando las fronteras del mundo, jamás hubiera anidado en mis entrañas.

Los malos momentos, bien moldeados, sirven para solidificar los éxitos. Cuando supe que no volvería a China por mucho tiempo vi mi futuro colapsar ante mí. Pero ¿qué opción tenía? No podía perder mi vida en el duelo. Refunfuñé unos cuantos días y abrí camino, porque de eso va la vida, de seguir siempre adelante.

Mil días después, llegué al mismo hotel que dejé sin mirar atrás. Solía alquilar una habitación por un año entero; volví a hacerlo. La moqueta seguía siendo de color vendimia, color sínodo obispal. A los quince años solía llevar un polo de ese tono porque el color favorito de la chica que me gustaba era el morado. Siempre lo detesté. Ahora, sin embargo, amaba esa moqueta porque significaba que había vuelto a casa. La chica de la recepción era la misma que me había dado los tres caramelos de mandarina cuando me fui. A mi llegada, el cuenco de caramelos seguía en el mismo lugar, pero ahora eran de cereza. Cogí uno. La joven había cambiado la montura de sus gafas y tenía una pequeña cicatriz en la mano; en tres años uno puede herirse de muchas maneras diferentes.

La puerta de la habitación estaba abierta de par en par, la mujer de la limpieza salía en ese momento. La luz que se colaba por la ventana del cuarto se arrojaba al pasillo provocando un efecto casi irreal.

Entré. En la mesa habían dejado una nota y una cesta de mandarinas. Me quedé en silencio, de pie en el medio de la estancia durante unos minutos. Lo sentía todo y sentía nada a la vez, ser humano consiste en eso, en esa extrañeza constante.

Todo cobró sentido mientras pelaba una mandarina. El jugo me escocía en los dedos y el cuarto olía a otoño en Europa.

En aquellos tres años de ausencia, había hecho cosas que la gente consideraba grandiosas. Decían que curaba el mundo, pero, al fin y al cabo, es ese mi deber; todos los médicos curamos, todos queremos curar más y mejor.

En tres años hablé con pacientes que me enseñaron a entender el dolor de otro modo.

Había conocido a médicos brillantes en rincones del planeta en los que la medicina lucha diariamente contra la corrupción, contra la falta de medios, contra las muertes evitables.

Había formado a cirujanos en técnicas revolucionarias. Podríamos decir, poniéndonos cursis, que habíamos iniciado una carrera para reducir el nivel de dolor del mundo.

Pero también había pasado horas charlando con amigos. Surfeé. Me senté en el sofá con mi padre a ver el fútbol. Disfruté de largas sobremesas con mi familia. Hablé con mi madre durante horas, siempre llevaré esas horas compartidas con ella como amuleto en la memoria. También tuve tiempo de dedicarme a poner en orden mi museo personal de cirugía. Llevo años coleccionando objetos y libros históricos, no se trata de un tema de fetichismo; siempre he sido de la opinión de que si quiero dedicarme al futuro de la cirugía tengo que entender su pasado, su historia, los avances científicos que nos precedieron hace cientos de años. No podemos entender el dolor de ahora sin comprender el dolor de hace décadas.

Así que pasé semanas ordenando bisturís y manuales que explicaban cómo cortar la carne y cómo coserla después. A veces reflexionaba sobre todos esos grandes científicos que habían sido perseguidos por abogar por el avance, por no conformarse, por perseguir la perfección aun sabiendo que esta es una ilusión que solo forma parte de nuestra naturaleza para provocarnos a ir más allá. Fueron momentos de introspección que dolieron y me sanaron por igual.

Pasé muchas horas conduciendo y escuchando música. Conduje oyendo a C. Tangana cantar sobre «victorias para el que supo quedarse», leí poemas decadentes de Bukowski que dejé enterrados en la adolescencia y que son tan tiernos «como para hacer llorar a un hombre, pero yo no lloro, ¿lloras tú?».

También hice otras cosas igualmente importantes; mojé pan en la salsa de los mejillones en escabeche, perdí tres trenes y un botón de mi camisa favorita, descubrí que las campanas que suenan a muerto son a su vez el sonido de la infancia y que ya no me dan miedo. Compré libros en inglés para que alguien a quien amaba pudiera leerlos también, dejé de amar. Volví a amar, a veces por unas horas, sabiendo que todo es para siempre mientras dura.

Todo eso no sale en los programas de televisión, pero son de esos pequeños instantes de los que estoy hecho.

Son esos pequeños instantes los que me sostuvieron hasta que pude volver. Y así regresé a China para seguir adelante con lo que había dejado a medias: la cirugía robótica. Al principio encontré cierta resistencia, pero estamos hablando de un país que confía fuertemente en el avance de la ciencia y, enseguida, nos pusimos manos a la obra para empezar a operar con el robot.

En un abrir y cerrar de ojos había recuperado todo aquello que se había quedado a medias. Quizá tres años atrás no era el momento. Probablemente necesitaba estos tres años viajando por el mundo para llenarme de experiencias humanas antes de poder volcarlas en la robótica. Porque no hay tecnología sin conciencia, no hay cirugía robótica sin poner por delante todo aquello no cuantificable: los miedos del paciente, sus esperanzas, su dolor. Volví siendo más consciente de la responsabilidad que conllevaban los avances que quería desarrollar, ahora podía mirar desde diferentes perspectivas y con una conciencia global construida a base de las voces de todos los cirujanos que formaban parte de mi camino y que de un modo u otro contribuyen a hacer de mí un mejor científico, un mejor cirujano, pero, sobre todo, alguien capaz de mirar a los ojos al dolor.

Ahora que estoy de vuelta, entiendo la simultaneidad del tiempo; la necesidad de las pausas abruptas y la posibilidad de la continuidad cuando algo es bueno.

Esto no es un desenlace o una lección; mi vida se trata de viajes que dan paso a otros viajes. Por el camino voy aprendiendo que la luz es fugaz, como lo son también las sombras o el dolor de estómago. Aprendo que hay verdad en las dudas y en el miedo, que la rareza es lo que constituye la belleza de este mundo y que la excelencia no tiene por qué venir precedida por el sacrificio: soy feliz con lo que hago. Soy muy feliz.

Escribo este libro como muestrario de esperanza: se puede querer cambiar el mundo. Podemos curar el mundo.

«He venido a pedir compasión por el dolor del hombre», escribió Emilio Rosales. Yo he venido a desmenuzar ese dolor y a dejar la luz encendida para todos esos médicos brillantes que caminan a mi lado. Porque mi camino es su camino y aquí estamos, desestructurando el mundo para construir una medicina más humana, más justa, más buena. Una medicina que llegue a los lugares más recónditos del planeta.

Ellos, mis compañeros, no salen en televisión. Y yo, yo no soy ningún héroe, solo soy un hombre que acorta las distancias. Solo soy un hombre que trata de curar y aliviar el dolor, a pesar del miedo y contra todos los bordes de este mundo.

Mi primer día de vuelta en el hospital me esperaba un paciente.

—Mire, doctor, me han dicho que ya no hay caminos.

Miré su historial clínico, miré sus pruebas diagnósticas.

—Ya no hay caminos, tienen razón —contesté—. Construyamos uno nuevo.

Le salvé la vida porque me atreví. Y quizá sea ese el único consejo que puedo dar a estas alturas de mi vida: el conocimiento sin valentía y sin fe sirve para poco. Decir «sé mucho de esto» sirve solo para alimentar los egos. Hay que atreverse a ir más allá. Estamos aquí para salvar vidas, no para anunciar la muerte.

La vida, la familia, los amigos, el amor y la fe en que siempre hay una salida son los pilares de mi mundo. Y, como bien dijo Shakespeare, el resto es silencio.

Agradecimientos

Gracias a mi familia y a mis amigos, que aman mi libertad a pesar de las ausencias y me quieren feliz. Gracias a los profesionales que me acompañan en el camino, enseñándome a mirar el mundo con amabilidad y valentía. Y gracias a vosotros, que creísteis en mí, y que seguís creyendo viaje tras viaje que imposible es nada.